体育科授業サポートBOOKS

子どもを授業に**グッ**と引き込む！

小学校体育

超オモシロ

導入アイデア

鈴木 一成 著

明治図書

JN041564

はじめに

「導入」が変われば「授業」が変わる〜運動が面白くなる授業を目指して〜

　はじめの一歩。方向が１度ズレると，１m先の目的地は約1.8ｃｍズレます。小さなズレのように思われますが，例えば，東京から直線距離にして約１万ｋｍ離れたパリを目指すと，１度のズレで，パリから約180ｋｍも遠く離れたノルマンディー地方の怪盗ルパンの家に着いてしまう計算になります。目的地へ到着するには，はじめの一歩の些細なズレに気付けるかどうかにかかっています。

　体育授業の導入もしかり。導入が変われば，授業が変わる。上質は細部に宿るが如く，目指す授業に迫るには，導入における小さな１度のズレに大きな注意が必要です。

　本書の「導入アイデア」は，小さな１度のズレに大きな注意を払いながら検討を重ねて，体育科の授業実践のフィルターにかけてきたものです。

　「導入教材」ではなく「導入アイデア」となっているのは，教材は授業の中ではじめて教材になるという考えに立っています。本書の「導入アイデア」が読者の先生方のご実践の中で採用され，授業の中で先生方と子どもたちが面白がって，遊び心をもって，教材にしていただけると幸いです。

　2024年５月

鈴木　一成

CONTENTS

導入が決まれば授業が決まる

子どもを体育授業にグッと引き込む 導入アイデア

体つくり運動系

水泳運動系

ボール運動系

表現運動系

Chapter 1

導入が決まれば
授業が決まる

01 導入の役割

① 授業の入口と出口

　やさしく入って，深く出る。体育科の授業に限らず，物事を始めるときには，本題に入る手前でつまずいたり，躊躇したりする障壁を取り除いておきたいものです。できれば，夢中になり，気が付いたらもうすでに始めていることが理想です。「入口はやさしく」で求めたい学びの姿です。

　そして，物事の終盤は入口のときよりも深く物事を考えるようになり，探究した対象の奥深さにふれ，ますます面白くなっていることが理想です。「出口は奥深く」で求めたい学びの姿です。

　やさしく入って，深く出る体育科の授業の実現には，導入の役割が必要不可欠です。

② 導入の役割（入口）

　体育科の授業の入り口は，子どもと運動教材との出合いの場です。そのため，ファースト・コンタクトがとても重要です。子どもたちは単元を始める前にすでに日常の生活経験をもとに形成された概念（素朴概念）をもっています。そこに加えて，例えば，「跳び箱は開脚跳びをするもの」「サッカーボールは蹴るもの」というように既存の体育用具は，既存の競技に類する動きを固着させること（機能的固着）があると考えます。

　「素朴概念」や「機能的固着」を体育科の授業に引き寄せて考えてみると，それは子どもにとっての体育科の授業の先入観と読み替えることができます。先入観は，色眼鏡です。教師の意図とは違う子どもの解釈が存在するのは，教師が「青」を準備しても，「赤」の色眼鏡をかけている子どもには「紫」

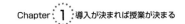

となってしまうことと同じです。導入の役割は，子どもの先入観に左右され
ない運動教材や，逆に子どもの先入観をゆさぶるような問いなどにより，子
どもを体育科の授業にグッと引き込むことです。つまり，子どもの先入観に
応じる新たな導入のアプローチが必要であり，体育科の授業の入り口では特
に求められます。

③ 各領域の本質的な面白さが学習の方向を決める

　体育科の授業における導入と言えば，準備体操や準備運動が挙げられます。
怪我の予防を目的とする体温上昇や可動域拡大は「体のウォーミングアッ
プ」として大切です。

　しかし，それだけでは不十分です。授業の入り口に位置するこれらの「準
備」体操や「準備」運動は，のちの展開の何の「準備」なのかを明確にして
おく必要があるからです。領域が変わっても単元が変わってもいつも同じ準
備体操や準備運動が行われていることは，各領域の本質的な面白さにふれた
り味わったりすることには及ばず，子どもたちの各領域の本質的な面白さを
探究したいという気持ち（知的好奇心・探究心）は育まれないと考えます。

　たしかに，よい体育授業の条件として，「運動量の確保」があります。「す
る・みる・支える・知る」などの多様な運動のかかわりの中で，とりわけ
「する」を中核とする考えは大切です。しかし，「運動する」のだから「準
備」体操や「準備」運動は何でもよいとなってしまわないように，「運動量」
から「学習量」への転換を図ることも必要だと考えます。そして，導入アイ
デアでは，「体のウォーミングアップ」に限定せず，むしろ「頭や心のウォ
ーミングアップ」を図りたいものです。これは，各領域の本質的な面白さに
ふれることです。「夢中になり，気付いたらもうすでに始めていること」に
誘うことができるのは，各領域の運動がもつ本質的な面白さだと考えます。

④ 導入のもう１つの役割（出口）

　体育の授業は便宜上「導入・展開・整理」という一連の流れで示すことが

ありますが，子どもが夢中になる実際の学びでは，これらは分け目のないスペクトラムです。そのため，導入の役割は，展開や整理につながるだけではなく，展開や整理でも生きる導入の役割が期待されます。導入のもう１つの役割とは，学びの「足場」と「学習評価の視点」を担うことであり，「出口は奥深く」することです。

　展開で学びが停滞しそうなときは導入での学習経験を「足場」にします。展開においても，再び導入での運動教材に戻り，思考・試行して展開への学習につなげていきます。

　導入で発火した知的好奇心は，展開での課題も打破する原動力であり，思考のホームグラウンドとなります。また，導入での「問い」は，学ぶ内容に即した動きを対象としていますから，動きを観察する視点となり，それは学習評価にも活用できます。

⑤ 基礎と応用のループを回す

　小学校６年生の器械運動の授業のことです。導入で３・４年の例示「前転」についての学び直しの充実を図るために，「仰向けで手を使わず，さっと立てるかな」（回転力をつくる導入アイデア）を実施しました。子どもたちは「簡単！　簡単！」という様子でした。

　そして，展開では，もっと楽に立つ方法を探究する中で「前に回った後に『グー・パー』の２種類の立ち上がりができるかな」という挑戦が始まりました。グーは前転の既習事項なのでスムーズにクリアしました。ところが，「パー」がうまくいきません。「パー」とは開脚前転です。「どのタイミングで左右に足を開けばよいのか」「勢いがなくなってしまうのはどうしてか」などの課題が次第に明確になり，ここで改めて，子どもたちは「仰向けで手を使わず，さっと立てるかな」を学び直すことになりました。子どもたちは「『仰向けで手を使わず，さっと立てるかな』は結構，深い。難しい」という感想をもちました。改めて，勢いを「つける」のではなく，勢いを「つくる」という学習改善を図り，回転力をつくる学びを深めていきました。

「導入アイデア」は手軽な運動（遊び）で構成しています。ここでの留意点は，「基礎は簡単で，応用は難しい」という思い込みです。「基礎」ほど奥深く，それゆえに難しいものといえます。もう1つは，「基礎から応用へ」という思い込みです。導入・展開・整理の構成は，「基礎から応用へ」というアプローチと考えがちです。しかし，活用の仕方によっては，「応用から基礎へ」というアプローチも可能になり，「応用」と「基礎」のループが回り出すと考えます。

❻ 導入アイデアがつくる「オルタナティブ・ストーリー」

ある出来事を契機として自分の思い込みに気付き，新たな解釈を余儀なくされることがあります。ある状況を支配している物語を「ドミナント・ストーリー」といいます。例えば，子どもたちの「走り高跳びってつまらない」といった感想に現れます。しかし，本導入アイデアが授業者の先生と子どもたちの応答性によって教材化され，面白い授業になっていくとき，子どもたちが「走り高跳びって，おもしろいね」と言ったとします。これまでの「つまらない」が「おもしろい」に代わります。つまり，これまでの見方を疑って，その代わりとなるものが「オルタナティブ・ストーリー」です。

「導入アイデア」が，体育授業において，子どもたちにとって，教師にとっても，支配された物語から解き放たれ，新たな物語がつくられていくこと，そんな体育授業との出会いを期待します。

02 導入の種類

① 「土台 (Foundation)」と「中心 (Core)」

導入においては，各領域における固有の学びにおける「基礎・基本」の考え方が決め手となります。

「基礎」の「礎」はそれがないと上に積めないもの，いわば「土台 (Foundation)」です。段階的な指導がこれに当たります（図１）。つまり，「基礎」では，土台を特定して，積み上げる段を決めていく技術となります。

図1　Foundation

「基本」の「本」は本質です。それがないと周辺が決まらないもの，いわば「中心 (Core)」です。校種や年齢が違っても運動の面白さは変わらないことがこれに当たります（図２）。つまり，「基本」では，中心を特定して，常にこれを押さえながら周辺を決めていく技術となります。

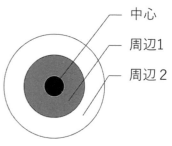

図2　Core

導入の種類において，「土台」と「中心」のどちらを採用するかは，その領域でしか学べないこと（領域固有性）と子どもの学習状況等によって決めていくことができます。

例えば，学びの足場をきちんと作る場合は「土台」の考え方を採用します。不安定な土台では，いくら上に積み上げようとしても難しく，最終的にはすべてが崩れ落ちてしまうことがあるからです。

　また，学習意欲の面に課題がある場合は，「中心」の考え方を採用します。「中心」とは運動そのものの面白さです。これが体育の知的好奇心を促すことができると考えます。その中でも「知識及び技能（運動）」は，各運動領域固有の内容です。「鮭」があっての「鮭おにぎり」と同じです。なお，最近のおにぎりは一口目で具が食べられるような工夫がされています。導入アイデアもこの考え方を採用しています。

② 練習したら上手くなる？

　例えば，ボール運動系の授業づくりでは，導入で練習して，展開で試合して，整理で振り返りを行うという流れがあります。「導入＝練習」という対応関係と，それを支持する考え方として，「練習すれば上手くなる」という常識があります。本当に「練習したら上手くなる」のでしょうか。この考え方は，セカンドステージの話ではないかと考えます。

　はじめの１歩となるファーストステージでは，「練習したら上手くなるのではなく，上手くなったから練習する」のだと考えます。導入アイデアでは，手軽な運動と問い等をセットにすることで，誰もがアクセスできます。その構成は，各領域の本質的な面白さにふれるとともに，「少人数短時間制」により，「運動試行回数の保障」がされるため，上手くなることが期待できます。

③ 導入アイデアにおける発問と手軽な運動（遊び）の種類

　子どもと手軽な運動（遊び）との出合いの場を演出するのが「問い」です。子どもの先入観を考慮して，各領域の本質的なオモシロさにグッと引き込む導入アイデアには，「問い」と手軽な運動（遊び）をセットにすることがあります。「問い」には，思考を支配する力があります。「朝ごはんは何を食べましたか？」と問われた応答者の頭の中は「朝，何食べたかな？」となります。この「問い」の力を利用します。誰が誰に問うのかによって，４種類になります。

① 児問児答：子どもたちが問うて，子どもたちが答える。

② 児問教答：子どもたちが問うて，教師が答える。

③ 教問教答：教師が問うて，教師が答える。

④ 教問児答：教師が問うて，子どもたちが答える。

　授業づくりにおける「発問」は④といえます（③は教師の自問自答になりますので，授業の省察時に採用できます）。しかし，問いを発することが「発問」とすれば，①②も発問です。つまり，子どもが問うということは，問題の明確化や課題の設定に際して，とても大切です。問うことは答える以上の難しさもあります。導入において，問うことは課題解決に先立って課題を形成する上で重要です。問いを発すること（発問）は，むしろ子どもの側にあることも押さえておきたい点です。

　手軽な運動（遊び）のポイントは７種類あります。①簡単・手軽であること，②なじみがあること（どこかでやったことがあること），③嫌な気がしないこと，④これだったらできそう，分かりそうと期待できるもの，⑤！が？になること（「簡単だと思ったが，やってみたら案外難しかった」「分かっていたはずのことが分かっていなかった」），⑥何度も試したくなること，⑦競技を想起させないことなどがポイントです。適切な問いと手軽な運動（遊び）は，子どもの知的好奇心に火を付けます。

④ 「目標」に着目した全員参加の導入

　クラスには様々な子どもがいます。その全員のやる気がアップする。そんな全員参加の体育授業を創る導入のポイントは何でしょうか。２つの物語から考えます。

　１つは，イソップ物語の「兎と亀」の話。１つの解釈です。亀は「目標」を見続けていたから勝ったのであり，兎は「亀」を見続けていたから負けたのだというものです。いかに「目標」をしっかりと持ち続けることが大切であるか，ということです。

もう１つは，「水たまりを跳び越える子どもたち」
の話。目標設定という観点でみると，跳び越えられそ
うかどうかが決め手です。小さ過ぎれば，またいで終
わり。大き過ぎれば，避けて通る。ところが，自分に
とっての「手ごろな水たまり」になると，つい跳び越
えたくなってしまいます。夢中で挑む片足踏切・両足
着地。その動きは走り幅跳びそのものです。「手ごろ

な水たまり」が子どもたちに「跳べるかな」と誘いかけているようにもみえ
ます。そして跳び越えた達成感は，自信へと変わります。本導入アイデアの
１つとなっています。

　「兎と亀」と「水たまりを跳び越える子どもたち」の２つの話は，「目標」
の大切さを教えてくれます。「目標」は学びのスタートラインに立たせてく
れます。そして，途中，くじけたり迷ったりした時に「目標」は，方向性を
定めてくれます。そう考えると，「亀」が見続けた「目標」は「亀」自身の
「Motivation（やる気）」を支えていたといえます。「Motivation（やる気）」は，
「Motive（目標）」と「Action（行動）」で成り立っています。特に「目標」が
適切であれば，やる気アップになります。適切でなければどうするか。「目
標」を再設定すればよいのです。「目標」の設定によってやる気アップを図
るアプローチです。こうした「目標」の設定・再設定についても，例えば，
持久走の「30秒ぴったり気分『走』快」（「ペース」と「上下動」に着目した
導入アイデア）にもみることができます。

　クラス全員のやる気がアップする体育の授業，全員参加の授業づくりを実
現する導入のポイントは，「目標」に着目することです。亀がコツコツと一
歩ずつゴールを目指すことができたのも，水たまりを跳び越えようと夢中で
挑むことができたのも，すべては適切な「目標」が導いた姿かもしれません。
そして，適切な「目標」は，達成の瞬間，子どもたちの笑顔と自信を運んで
くれること，さらに，次なる「目標」を連れてきてくれることを期待したい
と思います。

03 導入と評価

❶ 活動の順算と内容の逆算

　授業を計画するとき，「まずはこれをやって，次にあれをやって，最後にそれをやろう」と，「活動」を順番に並べます。「活動の順算」です。授業の実際は，時系列で活動が展開されますから，「活動の順算」は常識といえます。しかし，活動があっても学びがないと授業になりません。そこで，新たに「内容の逆算」を新常識に加えたいと思います。例えば，「最後にこんな姿にしたい。そのためには，あれに気付かせ，それを理解させておきたい」など，まずゴールを設定し，次にそのゴールに必要な内容を，無理なく順序よく設定するアプローチです。ゴールからスタートへの「内容の逆算」は，時間的な制約のある授業では，確実に学ぶ内容を特定することができます。「内容の逆算」から検討された「導入アイデア」は，目指す授業へのスタートダッシュになることが求められます。

❷ 導入が，改善するための足場をつくる

　「活動の順算」だけで授業を計画すると，評価は後追いになります。評価が難しい原因は，評価を後で考えることにあります。そこで，「内容の逆算」を取り入れることで，「評価」から考えます。必要な内容を学べているかを考えることは，ゴールへたどり着くにはどのような学習状況を評価するかを考えることと表裏一体になるからです。評価は改善することが目的ですから，導入はその改善するための足場づくりを担うことになります。

　例えば，チームで作戦を立て直させるために，得失点を付けさせます。この時，教師の意図は，「『得失点』という評価情報が，子どもの『作戦の修

正』となる」と考えられます。しかし，「得失点」はゲームの結果であり，ゲーム中に何をどうすればよいかという「作戦の修正」の情報は含まれません。学習改善につながる学習評価には「学習者にとっての利用のしやすさ（Accessibility）」の質が大切です。つまり，子どもが「作戦の修正」において利用しやすい評価情報の提供が鍵です。「導入アイデア」が育む学習評価は，子どもたちにとって利用しやすいことも大切です。

③ 導入から展開・整理への要点

ボートを漕いでまっすぐ向こう　図1
岸を目指して湖を渡るとします。
目的地を見失わないように，向こ
う岸に何か1つの目標物（ワン・
フラッグ）を定め，それを目指し
て漕ぎ始めます。ところが，実際
に湖を渡り始めると，まっすぐ進
んでいるつもりでも，ボートが左
右へ蛇行してしまいます（図1）。

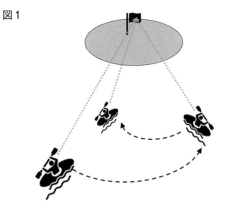

では，どうしたらまっすぐ進むことができるのでしょうか。

目標物を1つではなく，2つにする方法（ツー・フラッグス）があります。実際の船乗りの知恵として活用されているようです（p.20図2）。①自分・②中間地・③目標地が一本化していれば，航路も一本化するという考えです（図2）。

これは，教師が授業を構想する際，導入から展開・整理への要点にもなります。①は，子どもたちの学習状況です。そこから，③どこに向かうかを設定します。そして，③へ向かうには，②どのようにルートをたどるのかを決めます。子どもたちが自分たちの学習を確認したり改善したりするためには，①を担う導入と，②を担う展開，③を担う整理を一本化することが大切になります。

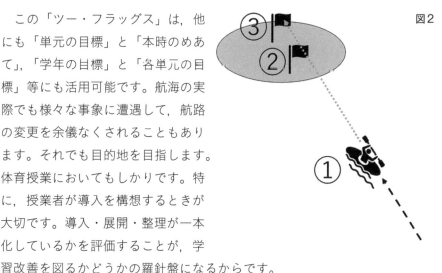

図2

この「ツー・フラッグス」は，他にも「単元の目標」と「本時のめあて」，「学年の目標」と「各単元の目標」等にも活用可能です。航海の実際でも様々な事象に遭遇して，航路の変更を余儀なくされることもあります。それでも目的地を目指します。体育授業においてもしかりです。特に，授業者が導入を構想するときが大切です。導入・展開・整理が一本化しているかを評価することが，学習改善を図るかどうかの羅針盤になるからです。

④「伏線回収」と導入アイデア

小説や映画等には「伏線回収」という手法があります。のちの展開で実る「伏線」によって，ストーリーが盛り上がります。そして，すべての「伏線回収」により，「そういうことだったのか」と，これまでの「思い込みの物語（ドミナント・ストーリー）」が，新たな解釈となる「もうひとつの物語（オルタナティブ・ストーリー）」となる手法です。

子どもたちにとっての体育が１つの学びの物語と考えれば，例えば，「本時の後半では子どもたちの『思考力，判断力，表現力等』が最も活性化する場面を創りたいな。ここで『思考・判断・表現』の評価場面を設定しよう。そのためには，導入アイデアで『知識及び技能』に関する内容を設定しておこう」と教師が評価計画を立てたとします。展開で実るための「伏線」を導入に仕掛けています。もちろん，計画通りに授業は進むとは限りません。しかし，授業は教師の意図的な活動です。この「伏線回収」は，学び手の視点に立ち，「学習者にとっての利用のしやすさ」を考慮した「学習のための評価」となる具体的な手法になると考えます。

❺ 各領域で設定する導入アイデア

　例えば，梅があっての梅おにぎりであるが如く，「各領域の『おにぎりの具』とは何か」を明確にして，「何を学ぶとその領域を学んだことになるのか」は，導入アイデアと評価を考える上でとても大切な観点です。

　なお，各領域の「おにぎりの具（本質的な面白さ）」については「知識及び技能（運動）」からキーワードを導き，表のように整理しています。

表　各領域で設定する導入アイデア（一部）

領域	問い・指示	運動教材	展開・整理	学習評価の視点
体つくり運動系	前回しで1回とんで，2回とんで，3回目でなわをふめるかな？	・3回目前回し踏み	・「変速3段ギア」×「今できる技」	「巧みな動きの高め方」
器械運動系 （回転）	仰向けに寝て，手を使わず，さっと立てるかな？	・仰向けで手を使わず，さっと立てるかな（ゆりかご）	・開脚前転 ・倒立前転	「勢いをつくる」
器械運動系 （回転）	今の自分の前転は，自分の身長よりも長い？短い？それとも同じ？	・自分の前転，身長よりも長い？短い？同じ？（前転がり・前転）	・跳び前転 ・倒立前転 ・開脚前転 ・伸膝前転	「頭と腰の位置の高低」 「腰角の大小」 「頭とかかとの距離の遠近」
器械運動系 （支持）	体を支えやすいのは，指先が内側？外側？	・どちらが支えやすい？（くま歩き・かえるの足打ち）	・補助倒立 ・倒立	「指先の向き」
器械運動系 （切り返し）	着いた手よりも前に，足で着地できるかな？	・着手よりも前に着地できるかな？（うさぎ跳び）	・（安定した）開脚跳び ・かかえ込み跳び	「Nの字」
陸上運動系 （スタート）	自分のスタート，最初に動くのはどっち？前足？それとも後ろ足？	・最初に動くのは前足？後ろ足？どっち？	・たった2m競走 ・新聞紙棒キャッチ	「最初に動くのは前足か，後ろ足か」
陸上運動系 （リレー）	紙を落とさず，走りながら受け渡しできるかな？	・ペアで直線ペーパーパス	・8秒で2人の距離をどこまで伸ばせるかな？ ・トリオで100mを目指すこと	「特急・準急・普通」
水泳運動系 （呼吸・浮き沈みのリズム）	沈んだスイカはどうなるか？ 沈んだカラダはどうなるか？	・沈むスイカ実験	・連続スイカ浮き	「浮き沈みと呼吸のリズムを合わせて息継ぎをしているか」
ボール運動系	「あっちむいて，ポイ！」をやってみよう！	・あっちむいて，ポイ！	・ネット越し ・トスアップ＆アタック	「落とすvs落とさせない」のかけひき
表現運動系 （表現）	ひらひらタッチ（紙あり・なし）をやってみよう	・ひらひらタッチ（紙あり・なし）	・ひとながれ ・ひとまとまり	「拍手」「笑い」

参考文献　川西茂（2006）『3つの成功サイクル』，中経出版
　　　　　西岡加名恵・石井英真・田中耕治 他（2015）『新しい教育評価入門——人を育てる評価のために』，有斐閣.

Chapter 2

子どもを体育授業に
グッと引き込む
導入アイデア

01 3回目前回し踏み

短なわの概念をほぐす導入アイデア

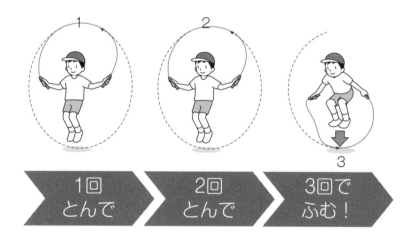

前回しで
1回跳んで，2回跳んで，
3回目で なわ を踏めるかな??

| 1回 とんで | 2回 とんで | 3回で ふむ！ |

導入イメージ

教師：前回し，１回跳べるかな？

児童：できる！　できる！

教師：では，２回連続は？

児童：簡単！　簡単！

教師：では，１回目と２回目は跳んで，３回目でふめるかな？
　　　やってみよう！

児童：（やってみて）……あれ？　うまくふめない！

児童：もう１回，やってみよう！

▶「３回目前回し踏み」の行い方

① 前回しで，１回跳びをします。

② 続けて，２回跳びます。

③ ３回目は，「足でなわを踏めるかな？」

体つくり運動系

解　説

① 「短なわ」の面白さとは？

　短なわと言えば，「2重跳び」が有名です。子どもたちの憧れの技であり，その出来不出来によって，短なわの得意や不得意が分かれるような場合も目にします。しかし，行き過ぎた「短なわ＝2重跳び」という固定化された考え方や，「常に短なわは速く回すことが優れている」といった一元化された見方は，短なわの魅力を損なうことになるかもしれません。過度なプレッシャーは，なわとび嫌いにさせてしまう懸念もあります。

　短なわは，いつでも・どこでも・だれとでも気軽にできる運動であり，多様な動きが期待できます。そのため，「2重跳び」は短なわの1つの技で，創意工夫によってそれ以外の動きと出合い，いろいろな短なわを開発・創出することができる面白さにもぜひ着目していきたいと思います。

② 本導入アイデアの要点

　2重跳びを得意とする子どもが，本導入アイデアの「3回目前回し踏み」という課題にトライすると，うまく踏めないことがあります。なわの回旋速度が速いからです。3回目でなわを踏むためにはゆっくり回すことが鍵です。しかし，「速く回すこと」だけに価値が置かれていると，習熟のプロセスの中で，速く回す動きだけが生き残ってしまいます。そのため，結果としてゆっくり回す動きが忘れ去られてしまいます。多様な動きをつくる運動（遊び）では，文字通り，速くも遅くも回すことができることが大切です。そこで，回す速さをコントロールすることをねらう本導入アイデア「3回目前回し踏み」の出番です。なわの回す速さをコントロールするには「変速3段ギア」がポイントです。これは3段階の速さで整理したなわを回す動きです（右図）。まずは「肩まわし」です。これ

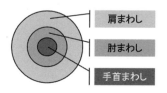

は回転半径が大きく，ゆっくりと遅く回すときに適しています。次に「肘まわし」です。これは回転半径が「肩まわし」よりも小さく，やや速く回すときに適しています。そして，「手首まわし」です。これは「肩まわし・肘まわし」よりも回転半径が小さく，高速で回すときに適しています。なお，「人指し指を立てる」と手首がまわりやすくなります。人差し指を立ててグリップを握ると，あや跳びや交差跳びに最適です。

❸ 導入から展開・整理への要点

　本導入アイデアが学習の起点になると，展開への移行もスムーズです。さらに面白くするアイデアが学習の展開になるからです。例えば，「変速３段ギア」を使って，「肩まわし・肘まわし・手首まわし」×「今できる技（前回し跳び・後ろ回し跳び・あや跳び・交差跳び）」など，今できる技のバリエーションを増やすことができます。

❹ 本導入アイデアが育む学習評価

　体つくり運動系のなわとび運動は，低・中学年では用具を操作する運動（遊び）に位置付きます。用具操作は，なわを回す手や腕の動きであるため，なわとび運動は，跳ぶ運動よりも回す運動に重点を置くことも大切です。本導入アイデアは，低・中学年の導入となれば，ゆっくり回すことも，速く回すことも両方できること（両側性）を保障でき，多様な動きづくりとなります。また，高学年の体の動きを高める運動の導入となれば，「巧みな動きを高めるには，適切な速さがある」いう「知識及び運動」を保障することになります。うまくできない場合に直面したとき，「とにかくたくさんやればいい」という評価情報では不十分です。「ゆっくり回すことから始め，慣れてきたら，少し速く回していく」という巧みな動きの高め方を具体的に学ぶことが大切です。本導入アイデアは，短なわを開発・創出することができる面白さを味わいながら，いろいろできることと，巧みな動きを高めるための知識へつなげることができます。

参考文献　鈴木一成（2021）知っておきたい運動教材シリーズ７．大日本図書

02 上下に止まるなわへGO！

いつのまにか長なわに入れちゃう導入アイデア

上下に止まるなわへGO！
上に止まるなわをくぐる

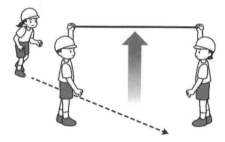

下に止まるなわを走り越す

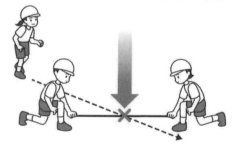

（太矢印はなわの軌道，点線は跳び手の動き）

導入イメージ

体つくり運動系

教師：長なわとびで不安なことはありますか？

児童：あります。

教師：どんなこと？

児童：なわにうまく入れないよ。
　　　友達や先生は「今だよ！」とか「はい！」とか言ってくれるけど，な
　　　わがグルグル回って，わけがわからなくなるよ。

教師：よし！　では，知らず知らずになわに入れるようになっちゃう方法が
　　　あるからやってみよう！

児童：そんな魔法のような方法なんてあるの？

▶「上に止まるなわへ GO！」の行い方

① 回し手は上になわを止めます。

② 跳び手は，上に止まったなわをくぐります。

▶「下に止まるなわへ GO！」の行い方

① 回し手は下になわを止めます。

② 跳び手は，下に止まったなわを走り越します。

解説

① 「長なわ」の面白さとは？

長なわと言えば，「８の字跳び」が有名です。クラスや学年で，その連続回数や累積回数を競い合い，クラスや学年の団結力を培うことにも期待されています。しかし，行き過ぎた「長なわ＝８の字跳び」という固定化された考え方や，「常に長なわは競い合うためにある」といった競技化された見方は，長なわの魅力を損なうことになるかもしれません。過度なプレッシャーは，なわとび嫌いにさせてしまう懸念もあります。

長なわは，いつでも・どこでも・だれとでも気軽にできる運動であり，多様な動きが期待できます。そのため，「８の字跳び」は長なわの１つの技で，創意工夫によって，いろいろな長なわを開発・創出することができる面白さにもぜひ着目していきたいと思います。

② 本導入アイデアの要点

なわの回し方は，いきなり回転や往復といった連続した動きをするのではなく，動きの情報量に制限をかけます。この１つの学習指導法が「上下に止まるなわへＧＯ！」です。これは「なわを上げて止める」「なわを下げて止める」という動きの提示です。上に動いて止まるなわをくぐる（図１）・下に動いて止まるなわを走り越す（図２）という動きから始めます（太矢印はなわの軌道，点線は跳び手の動き）。回し手は，跳び手がくぐったり走り越したりするまで，なわを上や下に止めて待つことがポイントです。

③ 導入から展開・整理への要点

導入アイデアでの学習を起点にして，展開・整理へつなげていく要点は２つです。１つ目は，回し手がふわりと大きな半回転を描くようになわを上へ動かして，跳び手が止まったなわをくぐること（図１）と，回り手がふわりと大きな半回転を描くようになわを下に動かして，跳び手が止まったなわを

走り越す（図2）という動きで楽しむことです。なお，図1は「かぶりなわ」です。

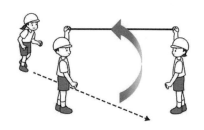

図1

　もう1つは，なわを「止める」時間を段々と少なくしていくようにします。2人の回し手は，跳び手の動きを互いによくみて，上や下で止めて，跳び手の動きを待って支えることが大切となります。互いの回し手は一緒に回す友達とタイミングを合わせたり，力の加減を調整したりすることになります。この学習指導法では，回し手と跳び手の両方を経験することが大切です。

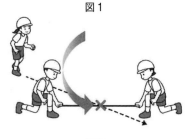

図2

④ 本導入アイデアが育む学習評価

　体つくり運動系のなわとび運動は，先の「短なわ」の導入アイデアと同じで，低・中学年では用具を操作する運動（遊び）に位置付きます。ここでも用具操作は，両側性（ゆっくり回すことも速く回すことも両方できる）が多様な動きづくりでは大切です。また，高学年の体の動きを高める運動の導入となれば，巧みな動きの高め方は，「ゆっくり⇔速く」の範囲から選択することになります。先の「短なわ」の導入アイデアでの「変速3段ギア」を汎用的な知識として，「肩まわし・肘まわし・手首まわし」から選択することにより，跳び手の動きに応じることができます。車椅子の友達とも一緒に長なわを楽しむこともできます。

参考文献　鈴木一成（2021）知っておきたい運動教材シリーズ6，大日本図書

体つくり運動系

03 「78（なわ）」の開発

78種類の長なわ・短なわを開発する導入アイデア

なわとび運動。

「なわ」なので，

「78」種類の長なわの技の開発と，

「78」種類の短なわの技の開発をしよう！

体つくり運動系

 導入イメージ

教師 : (交互跳びの図を提示する)

児童 : ナニコレ！　どうなっているの？　はじめてみたよ！

教師 : 交代で跳ぶよ。名前は……。

児童 : 交代で跳ぶから，交代跳び！

教師 : 交代跳び！　いいね！

児童 : 自分たちで，もっといろいろと考えてみたいな！

教師 : みんなが知っている技と，これからみんなが創る技を合わせて，
「なわ」ということで，78種類の技をつくっちゃうのはどう？

児童 : なわ，78種類 !?（笑）

児童 : そんなに !?　でも，つくれたらすごいね !!
よし！　つくってみよう！

▶ 「『78（なわ）』の開発」の行い方
① 長なわ・短なわで各78種類の開発をします。
② 活動の停滞は，創作の視点が必要とされているととらえ，適宜その
芽生えとなる動きを教師が見付けたり，必要に応じて創作の視点を
提供したりします。

解　説

① なわとび運動（遊び）を「つくる」面白さとは？

　なわとび運動（遊び）は多様な回し方，跳び方，入り方，抜け方等から，多様な動きをつくることができます。しかし，既存の技が優先されるあまり，運動（遊び）を創り出すことの面白さにふれたり味わったりすることから遠ざかってしまうことがあります。クラスや学年の子どもたちと先生方の柔軟な発想で，「自分たちの長なわ・短なわ」を創出することは，なわとび運動（遊び）を創る力を培ううえでとても大切です。

② 本導入アイデアの要点

　本導入アイデアは，「７８（なわ）」の78種類を創出することを目的として，その視点の提供となります。下図の上が長なわ，下が短なわです。

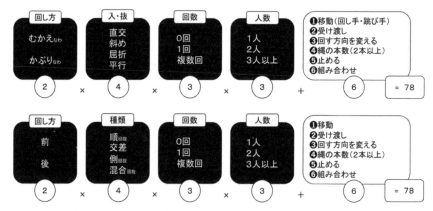

　長なわの「回し方」には「むかえなわ（なわが跳び手に対して足の下から向かってくるなわの動き）＝短なわの『前』回し」と「かぶりなわ（なわが跳び手に対して，頭の上からかぶってくるなわの動き）＝短なわの『後ろ』回し」があります。

　長なわの「入り方・抜け方」は次の４つです。

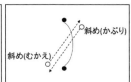 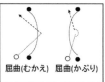 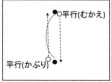

体つくり運動系

　短なわの「種類」は前後に回す「順回旋」，腕が交差する「交差」，体側で回す「側回旋」，片手は前・片手は後ろで回す「混合回旋」の４つです。

　オプションの「❸回す方向を変える」には，長なわでは大波小波でなわのスピードをコントロールすることや，「むかえ」から「かぶり」へ，「かぶり」から「むかえ」へとなわの動きを止めずに回す方向を変えてみる方法があります。短なわでは「前から後ろへ」は前回しから側回旋を１回入れ，なわが空中に上がった時に体の向きを180度変えると，なわの軌道が後ろ回しになります。また，「後ろから前へ」は肩から大きくゆっくり後ろ回しをします。なわが空中に上がった時にバンザイの姿勢を保ったまま体の向きを180度変えると，なわの軌道が前回しになります。

❸ 導入から展開・整理への要点

　展開では，子どもたちの創作活動の停滞が予期されます。なわとび運動を子どもたちの創作活動として位置付けたときに，子どもたちがどの視点に着目しているのか，着目していないのかの診断に前頁の図を活用します。

❹ 本導入アイデアが育む学習評価

　本導入アイデアは，「する・みる・支える・知る」に「つくる」が加わることで，多様な運動とのかかわりとなります。運動（遊び）は与えられるだけのものではなく，自分たちで創り出すものという転換は，「なわとび運動（遊び）をつくる面白さ」によって，主体的に学習に取り組む態度を育むことにもなると考えます。

参考文献　太田昌秀（1986）『INFなわとびハンドブック』アシックス
　　　　　鈴木一成（2021）知っておきたい運動教材シリーズ６・７，大日本図書

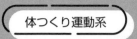
04 30秒ぴったり気分「走」快

「ペース」と「上下動」に着目した導入アイデア

3つのコースを選んで,
30秒ぴったりで,
戻ってこれるかな?

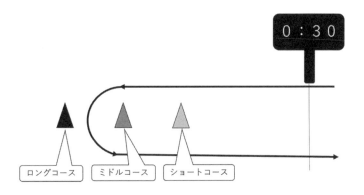

0 : 30

ロングコース　ミドルコース　ショートコース

導入イメージ

体つくり運動系

教師：向こうにコーンが３つあります。一番奥がロングコース，真ん中がミドルコース，手前がショートコースです。３つの中で１つ選んで，折り返してきて，30秒ぴったりでもとに戻ってこられるかな？

児童：走るのですか？

教師：最初は，お散歩気分で，おしゃべりしながらゆっくり歩いていこう！

児童：楽しそう！

（「30秒ぴったり気分『走』快」をやってみる）

児童：ショートコースでやったら30秒よりも早く戻ってきちゃったな。ミドルコースでリベンジしたいな！

児童：少し早く歩いて，ロングコースでやってみたいな！

児童：ぴったりにしたいな。30秒で戻ってくるのだから，ペースを同じにしておけば，コーンを折り返すときに15秒，これでやってみよう！

▶ 「30秒ぴったり気分『走』快」の行い方

① 「自分のペースに合う折り返しの地点」と「移動手段」を選びます。
　（移動手段は，ゆっくり歩く・早歩き・軽く走る等）
② 30秒ぴったりでスタート地点に戻れるかやってみます。
③ ②の結果をふまえて①を改善して，再び②をやってみます。

解　説

① 「動きを持続する」面白さとは？

　動きを持続する運動には持久走があります。持久走は，長距離走ではないので「競争」が目的ではありません。特に，「長く走ることは苦痛を伴う」という固定概念を崩すためにも，走る距離に無理がなく，力を抜いてほどよいペースで長く走る心地よさが大切です。

　動きを持続する能力を高める視点は「ペース」と「上下動」です。運動強度を上げたいときは「急変ペース」と「上下動を大きく（大きくジャンプ・スキップ等)」，下げたいときは「上下動を小さく」と「一定ペース」を選びます。この２つの視点が「今日はこれくらいにしようかな」という見通しをもつときに大切です。

② 本導入アイデアの要点

　本導入アイデアは，走る距離に無理がなく，力を抜いてほどよいペースで長く走る心地よさにふれたり味わったりすることを意図しています。30秒後に再び現在地に戻ることを共通課題として，「折り返すコーン」と「移動手段」を選びます。ショート・ミドル・ロングの３つのコーンを１つ選んで30秒で往復するので，必然的に「ペース」を選ぶことになります。また，「移動手段」では，いきなり全力で走るのではなく，「ゆっくり歩く・早歩き・軽く走る」といった力を抜いてほどよいペースから始めます。<u>大切なことは，やってみて「折り返すコーン」と「移動手段」を修正していくことです。</u>その中で，歩幅や歩くリズムの調整も培われていきます。慣れてきたら，ジャンプやスキップ等であえて「上下動」を入れることで，運動強度による疲労感にも着目させます。さらに，長く走る心地よさを損なわないように30秒ぴったりでスタート地点に戻る連続回数（２〜５回連続）を増やしていきます。

③ 導入から展開・整理への要点

　導入アイデアでつかんだペー
スを「多重円持久走」で試みま
す。これは，同心円走路でペー
ス感覚を探究する持久走です。
行い方は，①1周30秒で走れる
5コース（80〜120m）の計画
（途中変更可），②実施とペアチ

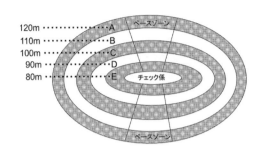

ェック（走者とチェック係に分かれる。チェック係は走者のペースが計画通
りかを30秒毎のペースで確認する。走者が，1周30秒でペースゾーン〔コー
ス2か所に幅6m程度〕に入っていたら記録表等に〇を付ける）です。例え
ば，のんびりペース（Eコース），調子がよければ体力アップペース（Aコ
ース）のほか，段々ペースを上げるコース（D→C→B），段々ペースを下
げるコース（A→B→C），上げたり下げたり（C→B→C→B）等，子ど
もたちに合う多様なペースが設定可能です。

④ 本導入アイデアが育む学習評価

　単元前半では「①気持ちよく走れるペースで6分間走ろう」，単元後半で
は「②体力アッププランもやってみよう」として，いずれも本導入アイデア
での学習経験を基盤にします。多重円持久走では，①で学習カードやタブレ
ットを活用して，毎回の記録を残すことが大切です。特に，コースの計画と，
修正や改善した再計画をするためには，「ペアチェック」での評価情報が有
効です。これは，走者が1周30秒でペースゾーンに入っていたら，チェック
係は「〇」や「×」を付ける他者評価です。デジタルタイマーやタブレット
等で秒数を視覚化すると，「いいペースだよ」「少し早いよ！」等のアドバイ
スも活性化します。運動後にまとめて記録するのではなく，ペアの適切な助
言と声援が鮮度の高い情報となり，走者にとって大きな励みとなります。

05 体ジャンケン必勝法！「遅出し体ジャンケン」

「気付き」と「かかわり」を育む導入アイデア

体ジャンケンで，
必ず勝つ方法があります！
それは……？

導入イメージ

教師：ジャンケンで絶対勝つ方法って知ってる？

児童：え？あるの？

教師：あるよ！　遅出し！

児童：えー！　そんなのズルじゃん！（笑）

教師：そう，できるだけ遅出しの体を使ったジャンケンでやってみよう！
　　　「最初はグー，ジャンケーン」でできるだけ高く跳んで，「ポン」で遅
　　　出しで，先生に勝ってね！

教師：ではいくよ，せーの

教師・児童：最初はグー，ジャンケーン……（できるだけ高く跳ぶ）ポン！

▶ **「体ジャンケン必勝法！『遅出し体ジャンケン』」の行い方**

① 「最初はグー」で，ペアで向き合ってその場で掛け声を合わせて軽く
　弾みます。

② 「ジャンケーン……」で，互いにできるだけ高く跳び，相手よりも遅
　く着地できるようにします。このとき，フェイントを入れても面白
　くなります。

③ 「ポン！」で，グー・チョキ・パーのポーズをとります（グーは小さ
　くしゃがむ，チョキは手足を前後にひらく，パーは両手両足を横に
　大きく広げる）。

■■ 解　説 ▶

① 体ほぐしの運動（遊び）の大切さとは？

　体つくり運動は，「心と体を一体としてとらえる」という体育科の目標を積極的に担っています。特に，体ほぐしの運動（遊び）は，心と体の関連とかかわりを固有の学びとします。その体ほぐしの運動の導入から四半世紀の間，地球規模の環境問題（異常気象の常態化，災害による環境破壊等も含む），生成ＡＩ等の開発の加速化，戦争，いじめや不登校，自死等の社会問題の深刻化等，教育環境は激変しています。その渦中において，体ほぐしの運動の導入時から大切にされてきた学び，すなわち，身体活動によって自他の体の「気付き」と「かかわり」はますます重要になっていると考えます。

② 本導入アイデアの要点

　本導入アイデアである「体ジャンケン必勝法！『遅出し体ジャンケン』」はとても手軽な運動教材です。ペアでタイミングを合わせて「ジャンケーン」で互いに高くジャンプします。理屈では，友達よりも滞空時間を長くすると遅く出せます。しかし，実際には劇的にその時間を伸ばすことができません。それでも「遅出し」は，相手の動きや表情をよく見たり，フェイントをかけようとしたりしながら，意欲的に体ジャンケン遊びに夢中になれるシカケとなります。

③ 導入から展開・整理への要点

　本導入アイデアを学習の起点にして，展開では１人では成立しない運動である「いろいろ体ジャンケン」へつなげていきます。その遊び方のオプションは，本導入アイデアである①遅出し体ジャンケン（高くジャンプしたりフェイントをかけたりして，できるだけ遅出しをする）に加えて，②あいこが勝ち，③体ジャンケンの前後にジャンプ・スキップ・ハイタッチ等の簡単な動きを入れて１曲踊る（体ジャンケンダンス），④足指でジャンケンする，⑤人数を増やす等です。いきなり大人数で行わず，ペアから始めることがポ

イントです。また，「⑤人数を増やす」では，一度関係ができたペアは解散せず，ペアとペアを合体した4人，次は8人，16人……，最後はクラス全員という順序もポイントです。

❹ 本導入アイデアが育む学習評価

「何に気付かせたいか」と「どうかかわらせたいか」を意図して，「動き」と「気持ち」の関係を子どもと共に次の順で整理します。

①心と体の声を引き出す問い掛けをする（下図参考）。

②子どもの発言を「動き」と「気持ち」に分けて箇条書きで板書する。

③それぞれの箇条書きの中で，関係するものを子どもが矢印等で結ぶ（体ジャンケン「動き」→楽しくなる「気持ち」）。

この矢印（→）は，「動き」と「気持ち」の関連を学習評価の対象として，可視化させていく鍵です。なお，学習評価では，常に変動する子どもたちの学習状況を把握することが大切です。具体的には，「楽しく弾んで！」と声を掛けるだけではなく，「どんな気持ちになりましたか」「体の状態はどうでしょうか」「友達にどんなことを言いたいですか」と問い掛けて，下図を参考に子どもの学習状況が❶〜❺のどこに位置づくのかを把握します。もし該当学年の学ぶ内容からスタートできなければ，「笑顔も顔の運動」を合言葉にして❶への気付きにしっかりと時間をかけます。また，❶から❺に照らして，当該学年の学習内容に満たなくてもあせらずにたっぷりと自分や友達の心と体の気付きに時間をかけます。中学年及び高学年であっても❶から始め，第2時以降で❷へ，❸へと学びを広げたり深めたりしていくことが大切です。

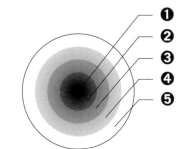

	学習内容から導くキーワード	学習内容の概要	具体的な活動から導く学習状況
低学年	心と体	楽しく動くと笑顔になる	❶動いているうちに笑顔になる カー杯動くと楽しくなる
中学年	心と体	体を動かすと心もはずむ	❷動いているうちにみんな笑顔になる
高学年	心と体	心と体はつながっている	❸リズムに乗って連続して動いても楽しい
中1・2	心と体	心と体は影響し合っている	❹音楽のリズムと体のリズムが一体となると心も弾む
中3	心と体	心と体は影響し合い変化する	❺気持ちが合うと動きも合ってくる

参考文献　山田浩平・鈴木一成（2022）小中学校体育教授用資料 保健と体育を融合させた授業の展開（第2回），大日本図書

体つくり運動系

06 ペアで目隠し歩き

「不安」を「安心」に変える力を実感する導入アイデア

ペアで目隠し歩き。
どうしたら，
目を閉じる人の「不安」を「安心」
に変えることができるかな？

導入イメージ

体つくり運動系

教師：ペアで目を閉じる人と，目を開ける人を決めて，ペアで散歩します。

児童：え！　目を閉じて散歩？　怖いな。

児童：心配……不安……。

教師：そうだね。ペアで散歩だから，目を開けている人が，目を閉じている
人の不安をできるだけ小さくできるようにしたいね？　どうしたらい
いかな？

児童：右だよとか左だよとか，声をかけてみるのはどうかな？

児童：手をつないであげるのは？

児童：うん，それだったら，少しは安心できるかも！

教師：いいね！　安心できそうだね！　では，目を閉じている人がどうして
ほしいかを目を開けている人が聞いて，「手をつないだり，指先だけ
ふれたり，声をかけたり」などから選んでもらってやってみよう！

▶ **「ペアで目隠し歩き」の行い方**

① ペアで，目を閉じる側と目を開ける側を決めます。

② 目を開ける側が，「手をつなぐ・指先・声」などを使って，目を閉じ
る側の「不安」を「安心」へ変えることを目指します。目を開ける
側が決めるのではなく，目を閉じる側がどのようにしてほしいのか
に応えるようにします。

③ １〜２分程度で交代し，互いの感想を伝え合います。

---

① 「不安」を「安心」へ変える運動の本質的な面白さ

　体つくり運動系の「体ほぐしの運動」は，手軽な運動によって，運動すると心が軽くなったり，体の力を抜くとリラックスできたり，体の動かし方によって気持ちも異なることなど，心と体が関係し合っていることに気付くことが大切です。その中でも，「楽しさ」が「もっと楽しくなる」といったアプローチもありますが，「不安や心配」が「安心」へと変わるといったアプローチも大切です。とりわけ，先行き不透明な時代では「不安」はつきものです。だからこそ，運動には「不安」を「安心」へと変える力があることを理解していくことは，変化の激しい時代においてとても大切です。

② 本導入アイデアの要点

　子どもたちは目を閉じる側になると「怖い・心配」など不安を抱きます。その不安を，もう1人の目を開けている側が「手をつなぐ・指先・声」を使って安心に変えます。目を開けている側が一方的に決めるのではなく，不安を抱きやすい閉じている側がどのようにしてほしいのかに応えようとすることが大切です。

　他者との関係には，自分の経験の延長による「同感的（一人称）かかわり」や，自分とは直接の関係を一切もたない「傍観的（三人称的）かかわり」があります。しかし，

手をつなぐ　　　　　指先　　　　　声

本導入アイデアは，「共感的（二人称的）かかわり」を大切にします。これは相手の身に「なって」，こちらに向けて訴えていることに聴き入り，その訴えに応えようとして情感込みでかかわろうとすることです。相手の存在を尊重して寄り添うことが本導入アイデアの要点です。

❸ 導入から展開・整理への要点

　「ペア」で不安を安心に変える本導入アイデアは，展開において「全員」で１人の不安を受け止め，安心に変えていく「円形目隠し歩き」へ発展させます。クラス全員が円形になり，反時計回りに歩きます。どこから，だれからでもよいので，目を閉じて両手を前に出しながら円の中心に向かって歩きます。活動の始めは，まずは目を閉じた１人が歩き続け，反対側の円周に来たところで近くを歩いている人が両手をとっ

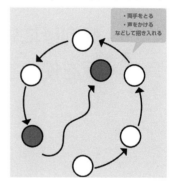

・両手をとる
・声をかける
などして招き入れる

て流れに招き入れます。このとき，迎え入れる人は早めに手を出して両手を引くようにしてやさしく招き入れるようにします。目を閉じてまっすぐ歩くだけではなく途中で方向を変えてみたり，弾んで踊りながら行ってみたり慣れてきたら変化を起こすよう促します。ここでの要点は，誰が目を閉じた仲間を円の中にやさしく迎え入れるかは決まっていないことです。そのため，迎え入れる役割を率先して担うことや不安を自分事としてとらえることになります。

❹ 本導入アイデアが育む学習評価

　体ほぐしの運動（遊び）においては，運動には不安を安心に変える力があるという知識は，「身をもって知る・相手の身になる」体育の学びとしてとても大切です。そして，本導入アイデアでの「ペア」から始める活動と，「全体」へと発展する活動の構成により，クラスの一体感も生まれたとしたら，これこそ本導入アイデアが育む学習評価であり，学校で体育を学ぶ価値と考えます。

参考文献　山田浩平・鈴木一成（2023）小中学校体育教授用資料 保健と体育を融合させた授業の展開（第3回），大日本図書
　　　　　ヴァスデヴィ・レディ（2015），佐伯胖訳『驚くべき乳幼児の心の世界―「二人称的アプローチ」から見えてくること―』，ミネルヴァ書房
　　　　　佐伯胖（2017）『『子どもがケアする世界』をケアする 保育における「二人称的アプローチ」入門』，ミネルヴァ書房

07 仰向けで手を使わず，さっと立てるかな

回転力をつくる導入アイデア

仰向けに寝て，
手を使わず，さっと立てるかな？

器械運動系

 導入イメージ

教師：夜です。マットの上で，おへそが上に向くようにして，仰向けに寝ましょう。おやすみなさい。

児童：（夜？　おやすみ？　と笑いながら，マットの上に仰向けに寝る）

教師：では，先生が「朝です！　起きましょう！」と言ったら，手を使わずに立ちましょう！　いきますよ！　……朝です！

児童：（手を使わずに立ち上がる）

教師：遅いですね（笑）！　早く起き上がってくださいね！　もう1回やるよ！　夜です！　おやすみなさい！

児童：（早く起きる方法を考えながら寝る）

教師：朝です！

児童：（ゆりかごのような動き〔振動〕で起き上がる動きが出現する）

教師：お！　段々早くなってきましたね。もっと早く，もっと楽な方法は？

▶ 「仰向けで手を使わず，さっと立てるかな」の行い方

① マット上に仰向けの姿勢で寝ます。

② 手を使わないで，できるだけ早く立ち上がります。

③ 一番早く楽な方法を探ってみましょう！

---

① 振動・回転の本質的な面白さとは？

　器械運動系の本質的な面白さには，振動・回転するときに得られる動きの感じとの出合いがあります。その動きの感じを存分に味わうとともに自由自在に動きをコントロールしたいという探究心が学びの原動力と考えます。

　その発火点を担う導入では，子どもたちの学習状況に適しているかが問われます。例えば，前転やその技術ポイントを提示する導入があります。器械運動系は「できる・できない」がはっきりすると決めつけている場合，「できない」からやりたくないという負の感情でスタートラインに立つことがあります。全員の子どもたちが，振動・回転の本質的な面白さと出合い，面白そう！　やってみたい！　という探究心に火を付ける導入が望まれます。

② 本導入アイデアの要点

　この導入アイデアを数回試行すると，子どもは「勢いをつける」と楽に立てることを見付けます。これを「勢い（回転力）をつくる」と楽に立てると言い換えて，本導入アイデアの要点を押さえます。

　■の場面には，回転力をつくるポイントがあります。まず，足を頭方向へ引き上げ，あごを引き，背骨を丸くして腰を上げます（❶）。次に，腰の力

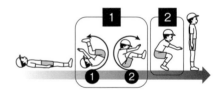

を抜かないようにしたまま後頭部→背中→尻→足裏の順に接地し，前方へかかとを一気に振り下ろします（❷）。

　②の場面には，足裏で立つポイントがあります。「頭」が「かかと」を追い越すことです。「頭」と「かかと」の距離が最も遠い「伸膝前転」は最高難度の立ち上がりです。膝を曲げる（前転）・伸ばした膝を開く（開脚前転）・膝を伸ばす（伸膝前転）の系統は，「頭」と「かかと」の位置関係で整理できます。なお，本導入では「あぐら」や「片膝を抱える」を奨励します。

「きれいに・そろえて・まっすぐに」だけが暗黙の「正解」となると，片方だけ曲がる・伸びる，交差する等の多様な動きは「不正解」になります。探究で出合う動きはすべて貴重な「成解」です。

③ 導入から展開・整理への要点

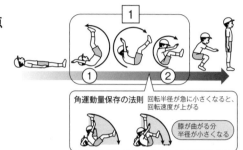

角運動量保存の法則　回転半径が急に小さくなると，回転速度が上がる

膝が曲がる分半径が小さくなる

「もっと楽にさっと立つことができないかな」の教師のひと言は，さらに子どもの探究心に火を付けます。ポイントは２つです。

１つ目は「腰角（太ももとお腹の間の角度）と弧の大きさ」です。大きな回転力を得ようとすると，弧が大きくなります。上図の①の弧は，前頁の図の❶よりも大きくなります。これは，膝が伸びるだけではなく，腰角も大きく開くことで回転半径が長くなります。さらに大きくすると①の動きは「背支持倒立」に近づき，腰角が最大の180度に近づきます。「腰角と弧の大きさ」は前転から倒立前転の順に大きくなるため，本導入アイデアは，前転，さらには倒立前転への学習の展開に期待できます。

２つ目は「角運動量保存の法則」です。フィギュアスケート選手が魅せるスピンは，広げた腕を一気に胸元に引き寄せることで回転半径を急激に小さくして，回転速度を上げています。これが，上図の①から②への動きづくりの課題となります。なお，回転半径をいつ小さくするかを考えるには，動きをモニタリングできるように速度を落とすことが大切です。本導入アイデアはそれを可能とします。なお，開脚前転も一気に脚を開いて回転速度を上げるため，開脚前転の学習展開にもつながります。

④ 本導入アイデアが育む学習評価

本導入アイデアは「回転力をいかにつくるか」の学習評価にも一役買います。「勢いをつける」から「勢いをつくる」ための動きの視点を明確にした学習評価にも期待できます。

参考文献　鈴木一成（2020）知っておきたい運動教材シリーズ１．大日本図書

08 自分の前転，身長よりも長い？短い？同じ？

前方向への回転の系統と導入アイデア

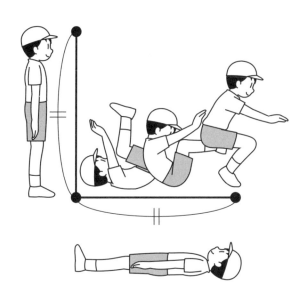

今の自分の前転は，
自分の身長よりも
長い？短い？それとも同じ？

器械運動系

 導入イメージ

教師：前転は，自分の身長と比べて，長い？　短い？　それとも同じ？

児童：えっ？　長いかな？

児童：短いかな？

児童：もしかしたら，同じかな？

児童：やってみないと分からないなあ。

教師：では，調べてみよう！

児童：やってみよう！

▶「自分の前転，身長よりも長い？短い？同じ？」の行い方

① 自分の身長の長さを測ります。

（例：マットの端にかかとを合わせ，仰向けに寝て，頭の位置に赤白玉等を置く）

② 前転します。

③ 前転の長さが，自分の身長（赤白玉の位置）よりも長いか短いか同じかを確認します。

④「身長よりも長い，短い，同じ」を宣言通りにできるか挑戦してみましょう！

① 「できる」と「できない」の「あいだ」にある本質的な面白さ

　子どもたちの動きは，必ず習熟のプロセスのどこかに位置します。それを「技」でみると，「技」と「技」のあいだにある無数の動きはすべて「できない」とされてしまいます。しかし，この「技」と「技」のあいだにある無数の動きは必須です。それは「必要な学習経験」となるからです。そのため，導入においても，「できない」は「不足」，「できる」は「充足」と言い換え，「必要な学習経験の回数」を奨励します。そして，体育授業の「運動量の確保」を「学習経験の回数の確保」に改めた導入の登場が，器械運動系の本質的な面白さに迫るためには大切です。

② 本導入アイデアの要点

　まず，「頭と腰の位置」です。❶は高く，①は低くなります。頭の高さは目線の高さになるため，高所感覚にも影響します。腰の高さは膝の屈曲で決まります。いずれも高くなるほど位置エネルギーも大きくなり，回転する力をもちます。「頭越え」は，足と腹の間を大きく開け，そこにあごを引いて頭を中に入れると頭越えになります。

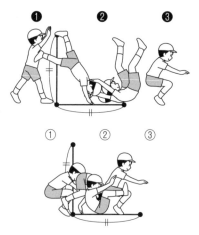

　次に，「腰角（太ももとお腹の間の角度）〔腰の開き〕」です。「腰角」は，回転する弧の大きさを決めます。❷は大きく，②は小さくなります。なお，❷は大股から始めると，脚が前後に開き，腰が開くことで，大きな回転の弧となります。なお，手を着く位置を無理に遠くにすることは大変危険です。他者と競わせたり，長い距離に挑戦させたりせず，今できる前転から始める本導入アイデアは安全性にも優れています。

そして，「頭とかかととの距離」です。❸と③はしゃがみ立ち姿勢で，いずれも膝を曲げることで頭がかかとを越えやすくなります。

③ 導入から展開・整理への要点

❶よりも高くなるには跳ぶことになり，跳び前転となります。❷が腰角の最大の180度に近づくと倒立前転へ向かい，❸が膝を伸ばしていくと伸膝前転に向かいます。一方で，身長よりも短い教具として跳び箱1段を登場させれば台上前転にも通じます。

④ 本導入アイデアが育む学習評価

先の❶‐❸及び①‐③を下図に位置付けると，本導入アイデアは「頭と腰の位置の高低」「腰角の大小」「頭とかかととの距離の遠近」に整理できます。これらは，子どもたちが動きの改善を図るための利用しやすい評価情報となります。また，前掲の「仰向けで手を使わず，さっと立てるかな」の導入アイデアと組み合わせると，相乗効果も期待できます。

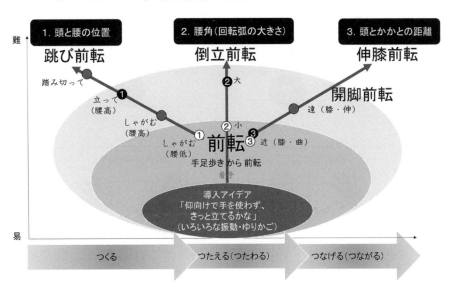

器械運動系

09 どちらが支えやすい？

「腕支持」の導入アイデア

体を支えやすいのは，指先が内側？外側？

くま歩き

かえるの足打ち

指先は内側？

頭

指先は外側？

頭

器械運動系

 導入イメージ

教師：その場で「くま歩き」をしてみましょう。

（「くま歩き」とは，動物のくまのように手足を地面について四つん這いになって膝をつけずに歩く運動）

児童：（「くま歩き」を行う）

教師：今，みんなはどのように手を着いていましたか？

児童：えっ！　考えてなかったなあ。

教師：もう一度，「くま歩き」をしますが，今度は少し腰を高くした「くま歩き」をします。しっかりと体を支えるには，指先は内側なのか，外側なのか，調べてみましょう。

児童：どっちだろう？　よし！　調べてみよう！

▶ 「どちらが支えやすい？」の行い方

① 「どちらが体を支えやすいのか」を２つの条件で調べます。

条件１は「指先を内側」です。

条件２は「指先を外側」です。

② まず，できるだけ腰の位置を高くした「くま歩き」で行います。急がず，慌てず，ゆっくり行います。

③ 次に，「かえるの足打ち」の回数を増やします。

④ 条件１と２を無理のない範囲で繰り返し行い，どちらが体を支えやすいかを確認します。

① 逆さ姿勢を支える着手の仕方を探る面白さとは？

　高層ビルを建てるには，土台となる基礎工事が大切です。器械運動系の「腕支持」についての学びもしかりです。逆さ姿勢を保つ「腕支持」には，土台となる着手の仕方が大切だと考えます。体を支えやすい着手の仕方を学ぶことは，基礎工事をきちんと施すことになり，補助倒立や倒立ができる条件を整えます。しかし，体を支えにくい着手のまま，適切な学習指導を施さずに授業を進めることは，基礎工事をきちんとせずに高層ビルを建てることと同じです。そのため，大変危険です。そこで，体を支えやすい動きに着目した導入が必要であると考えます。

② 本導入アイデアの要点

　「指先は内側」に向けると，肘が左右の外側に向き，脇も空きます。そのため，自分の体重が腕に乗って体を支えようとしても，肘が外側に開きやすいので，すぐに曲がってしまい，支えることに適しません。また，脇も開きやすいので，全身にグッと力を入れた体を締める動きにもやはり不適といえます。

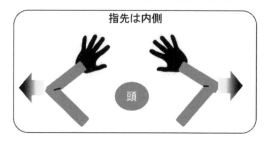

指先は内側

頭

　「指先は外側」に向けると，肘が後方に向き，脇も閉じます。そのため，「指先は内側」の場合と比べると，簡単に肘は曲がりませんし，脇も閉じるため，全身にグッと力を入れた体を締める動きに適しま

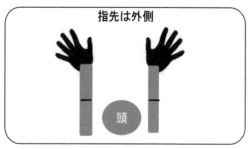

指先は外側

頭

す。なお，指先だけで着手するのは大変危険ですので，手のひら全体で着く
ことがポイントです。

③ 導入から展開・整理への要点

　「くま歩き」や「かえるの足打ち」で学んだ「体を支える着手の方法」を
使って，「いろいろな姿勢でも『指先は外』は，体を支えやすいのか」とい
う探究心に火が付けば，導入から展開への移行がスムーズになります。

　例えば，「手押し車」（下図の左）でマット2枚分程度の距離を進もうとす
ると，「指先は外側」は必須です。そして，「よじ登り逆立ち」（下図の中央）
と「倒立」（下図の右）も，「いろいろな姿勢」のラインナップになります。

　なお，「支持」は「あごを上げる」と背筋が伸びるため，回転のブレーキ
に一役買います。逆に「あごを下げる」と背筋が丸くなるため，回転しやす
くなります。ここでは，「腕支持」の探究であるため，「あごを上げること」
もポイントになります。

④ 本導入アイデアが育む学習評価

　動きの「こつ＝骨」と板書します。授業の整理の段階で，「指先」の向き
が肘の曲がりやすさを決め，腕支持の「こつ」であることを押さえます。こ
れは，理にかなった動きを学ぶことになります。それを典型的に学ぶことが
できる「指先の向き」は，視認的ですから自己評価及び他者評価の観点とし
て，利用しやすいと考えます。本導入アイデアは「何気なく・何となく」で
はなく「意識して」体の動き方を学ぶことを可能にしてくれます。

10 膝を伸ばして トコトコトコ, できるかな？

「倒立系」の導入アイデア

両手と頭をついて膝を伸ばします。
その逆さ姿勢を崩さないように
トコトコトコと,
足先でお散歩できるかな？

膝を伸ばして, トコトコトコ

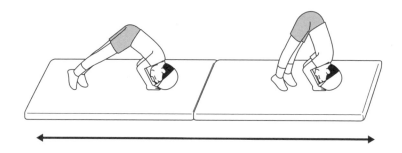

導入イメージ

教師：マットの上に両手と頭を着けます。

児童：（マットの上に両手と頭を着ける）

教師：その姿勢のまま，膝を伸ばして，足先でトコトコトコとお散歩できるかな？

児童：（マットの上に両手と頭を着けたまま，足先でトコトコトコと歩く）

児童：あ!? 頭に近づいてきたら，倒れそうになっちゃうな。

教師：頭と手のつき方がポイントだよ。足先で歩いても倒れないように，しっかりと「土台」をつくろう！

児童：「土台」？

教師：そう，「土台」！ 両手と頭の着き方が大切だよ！ グラグラしない両手と頭の位置を探ってみよう！

▶ **「膝を伸ばしてトコトコトコ，できるかな？」の行い方**

① マット上に両手と頭を着けます。

② ①の姿勢をキープして，膝を伸ばして足先で散歩するように，両手と頭の方へ近づけたり，離れたりします。

③ 足先で散歩しても倒れない「土台（両手と頭の着き方）」を探ってみましょう！

器械運動系

▌▌ 解　説 ▶

① 逆さ姿勢を支える着手と頭の位置を探る面白さとは？

　器械運動系の本質的な面白さには，いろいろな姿勢になることで得られる動きの感じとの出合いがあります。頭と腰が逆転する逆さ姿勢は，それを保つためのバランス力が求められます。この力を「運動神経がよい・わるい」で片づけてしまうのではなく，支えやすい位置や骨の動かし方の探究へと誘うことで，その面白さが広がったり深まったりします。探究にはトライ＆エラーとなる必要な運動経験の回数も大切です。「骨」とは「こつ」と読みますから，こつをつかむとは，まさに骨の動かし方に通じると考えます。

② 本導入アイデアの要点

　本導入アイデアは，頭と手を着くので頭倒立の下位教材となるだけではなく，逆さ姿勢を伴う「土台」となります。「土台」は両手と頭の着き方がポイントです。何気なく両手を着いて，適当に頭を着けてしまう動きにこそ，改善の光を当てていくことが大切です。例えば，三脚椅子が安定するように，両手と頭の位置が三角形となるようにします。

　その安定性については２つの要点があります。①無理のない動的な要素を入れて確認します。これが「膝を伸ばしてトコトコトコ」となります。姿勢の崩れや不安定さの改善を，両手と頭の着き方に求めていきます。②両膝を伸ばしたまま足先が両手と頭に近づくことで，腰骨が肩甲骨に乗ってくる感じも大切です。「頭・肩甲骨・腰骨」がほぼ一直線に垂直に並ぶことで，逆さ姿勢が安定します。なお，着手では，先の「腕支持」の導入アイデアを活用すれば効果も絶大です。

③ 導入から展開・整理への要点

　本導入での逆さ姿勢の「土台」がさらに強固なものとなっているかを確認する展開として，「肘の上に膝が乗るかな」という課題がお勧めです。本導入

での要点②の「頭・肩甲骨・腰骨」がほぼ一直
線に垂直に並んでいる逆さ姿勢であれば，膝を
上げればそこに肘がありますから置くだけとな
ります。しかし，「頭・肩甲骨・腰骨」が斜めに
位置していると，膝を挙げても肘までの距離が
あります。そこで膝を無理に肘に近付けようと
すると回転が生じてしまい，逆さ姿勢をキープ
することが難しくなります。「肘の上に膝が乗
るかな」での要点は❶片足ずつ行うことと，❷
ゆっくり行うこと，❸背骨でバランスをとるこ
との３点です。逆さ姿勢を伴う支持の学習指導
では，脚を伸ばすことを求めることがあります。
しかし，高さがあればあるほどバランスをとる
ことの難易度が上がります。「高さの最小単位
は背骨である」ので，まずは背骨でバランスをとることを展開で押さえます。

器械運動系

④ 本導入アイデアが育む学習評価

　本導入アイデアは，何気ない両手と頭の着き方に学習改善を求めることが
できます。また，「頭・肩甲骨・腰骨」がほぼ一直線に垂直に並ぶことで，
逆さ姿勢が安定することは，補助倒立における学習評価へとつなげることが
できます。

11 着手よりも前に着地できるかな？

「切り返し」の動きをつくる導入アイデア

着いた手よりも前に，
足で着地できるかな？

器械運動系

導入イメージ

教師：「跳び箱運動」の「跳び」って体のどこで跳びますか？

児童：足！

教師：授業の最後に，もう１度同じ質問しますから，考えてみてね！
　　　（左のイラストを提示しながら）この「うさぎ跳び」，できるかな？

児童：できるよ！　簡単！

教師：その調子！　今度は，ちょっと難しいよ！　着いた手よりも前に足が
　　　着地できるかな？

児童：よし！　やってみよう！

・・・（授業の後半）・・・

児童：だんだん疲れてきたよ。

教師：体のどこが疲れる？

児童：手とか，腕とか……。

教師：「跳び箱運動」の「跳び」
　　　っく体のどこで跳ぶ？

児童：手！　手でジャンプしたよ！

▶ **「着手よりも前に
着地できるかな？」の行い方**

① まず，「跳び箱運動の『跳び』って体のどこで跳びますか」と発問します（「足」と答えることが予想されます）。

② 次に，うさぎ跳びで「着いた手よりも前に，足で着地できるかな？」という課題に取り組みます。

③ 本授業の最後に再度，①と同じ発問をします（「手」と答えることが予想されます）。

解　説

① 切り返し系の本質的な面白さとは？

　跳び箱運動では，3段よりも4段，4段の次は5段と，高さを求めがちです。それは，子どもたちが跳び箱の得意不得意は高さで決まるものと決めつけているからかもしれません。仮に，この思い込みのまま授業が進むと，高く跳ぶ学習がスタートしてしまいます。例えば，5段を跳べた理由が「思い切り助走をして，強く踏み切り，高く跳ぶ」だったとします。この「助走・踏み切り・高く跳ぶ」の一連のキーワードから導かれる運動は，もはや跳び箱運動ではなく，走り高跳びです。跳び箱を使った走り高跳びの学習といえます。跳び箱運動は高さを競うものではありません。

　そもそも，跳び箱運動の「跳ぶ」は体のどこで跳ぶことになるでしょうか？　子どもたちは「足」と答えます。確かに，足で踏み切ります。しかし，「切り返し系」は文字通り，回転方向の「切り返し」が本質的な面白さであり，学びです。それを担うのは「腕（手）」です。着手前の前方向の回転を，「手ジャンプ（腕支持跳躍）」によって，逆（後方）回転に切り返します。

　では，この切り返しが一番難しいのは何段になるでしょうか。立位の姿勢から一番落差があって，さらに立位の姿勢に戻ることが大変なのは，跳び箱1段です。さらに言えば，跳び箱0段です。それが，本導入アイデアのうさぎ跳びです。跳び箱が登場しない跳び箱運動の導入により，子どもたちの「跳び箱運動＝高さを競うもの・足で跳ぶもの」という固定概念を揺さぶり，切り返し系の奥深さに誘い込みます。

② 本導入アイデアの要点

　跳び箱運動における手や腕の操作に関する指導では，まずは，初期の「①支えて体を前移動すること」から，次第に「②突き放し」，そして，「③切り返し」が行えるようにすることが大切です。本導入アイデアは「③切り返し」に焦点を当て，回転方向を切り返す動きづくりを意図します。「切り返

し」の動きづくりが不十分な段階で，踏み切り板やロイター板を活用した「強い踏み切り」だけに特化した部分練習は，大変危険です。回転方向を切り返すことに体が了解していないからです。そのため，<u>本導入は怪我をさせない「知識及び技能」の指導</u>といえます。なお，子どもたちには「手ジャンプ」という表現で迫ることができます。

③ 導入から展開・整理への要点

　うさぎ跳びで「着手よりも前に着地できるかな？」の課題はそのままにして，跳び箱１段から２・３段と高さを上げていきます。すると，子どもたちは「１段よりも２段，２段よりも３段が簡単！」という感想をもちます。つまり，<u>導入のうさぎ跳びが最も難しいことを実感します</u>。簡単だと思われていたうさぎ跳びをとらえ

直す機会になります。授業の展開では，「１段→２段」「１段→２段→１段」等，うさぎ跳びの連続でも「着手よりも前に着地」に取り組みます。なお，「マット２枚分をうさぎ跳びで，できるだけ少ない回数でいけるかな」も効果的な展開になります。

④ 本導入アイデアが育む学習評価

　「着手よりも前に着地ができるか」は具体的な自己評価が可能です。そして，この課題が達成する切り返しの動きは「Ｎの字」に見立てることができます。より，本導入アイデアは，<u>「切り返す動きを『Ｎの字』に見立て，これが大きく鮮明かどうかを確認しよう」という切り返しの学習評価</u>となり，「跳び箱の段数」だけに頼ってきた学習評価に終止符を打つことができます。

12 「2台連続跳び」止まらないようにできるかな？

「安定」した動きをつくる導入アイデア

「2台連続跳び」止まらないようにできるかな？

まずは開脚跳びでやってみよう

どこで止まりそうになるかな？

導入イメージ

教師：２台の跳び箱があります。止まらないように連続して跳べるかな？

児童：簡単！　簡単！（２台連続跳びを数回やってみる）

児童：１台目はできるけど，２台目は勢いがつきすぎて止まっちゃったよ。

児童：でも，２台目にぶつからないようにしたら，今度は１台目がうまくい
　　　かないなあ。どうしたらいいのかな？

教師：止まってしまうところはどこかな？

児童：１台目の終わり！
児童：２台目の始まり！

児童：あれ？　１台目の終わりと２台目の始まりって同じじゃない？

教師：同じってことは，１台目と２台目のつなぐところってことかな？

児童：そう！　つなぐところ！　つなぐ動き！

▶ **「『２台連続跳び』止まらないようにできるかな？」の行い方**
① まず，２つの跳び箱を連続した切り返しの動きで行います。
② 次に，①の試行した感想を出し合います。
③ そして，②の感想から１台目と２台目の「つなぎの動き」に着目し
　　て課題を設定します。

器械運動系

解 説

① 切り返し系の本質的な面白さとは？

器械運動系の高学年では，「安定して行うこと」が大切です。そして，中学校では「滑らかに安定して行うこと」へと続きます。「繰り返し行っても途切れずに続けてできること」は，目指す動きであるとともに，連続する動きのリズムの心地よさを感じたり，達成感を感じたりできる面白さでもあります。

小・中学校学習指導要領 解説
【低学年】 □ 跳び乗りや跳び下り □ 手を着いてのまたぎ乗り，またぎ下り 　○支持でまたぎ乗り・またぎ下り 　○支持で跳び乗り・跳び下り 　○馬跳び，タイヤ跳び
【中学年】 □ 切り返し系の基本的な技（開脚跳び）をすること
【高学年】 □ 切り返し系の基本的な技を安定して行うこと □ 発展技（かかえ込み跳び）を行うこと 　○かかえ込み跳び
【中学1・2年】 □ 切り返し系の基本的な技を滑らかに行うこと 　※「滑らかに行う」とは，「その技に求められる動きが途切れずに続けてできること」である □条件を変えた技や発展技を行うこと
【中学3年】 □切り返し系の基本的な技を滑らかに安定して行うこと 　※「滑らかに安定して行うこと」とは，「技を繰り返し行っても，その技に求められる動き方が，いつでも動きが途切れずに続けてできること」である □条件を変えた技や発展技を行うこと

② 本導入アイデアの要点

本導入アイデアの「『2台連続跳び』止まらないようにできるかな？」は，2つの跳び箱を連続した切り返しの動きで行います。1台目を跳び越した後，勢いが余ると2台目への跳び越し方が途切れそうになります。一方で，2台目を意識しすぎてしまうと1台目が気持ちよく跳び越すこともできません。そこで，1台目と2台目の「つなぎの動き」がポイントとなり，「2つの跳び箱のつなぎの動きを考えよう」が探究課題となります。この課題は，基本的な技を「安定」してできることにつながります。「1台目の着地の後，両手でマットをポンとたたくぐらい膝を深く曲げるといい」「低い姿勢のまま『ト（踏み切り）』の直前に加速するといい」など，「滑らかに行うこと（中学1・2年）」や「滑らかに安定して行うこと（中3年）」につながる学びが期待できます。

③ 導入から展開・整理への要点

　本導入アイデアでの「安定」した基本的な技での学びを基盤として，展開では，<u>自己の能力に適した技と場の組み合わせ方を選ぶ活動へとつなげる</u>ことができます。右の図はその組合せ例です。

　また，１つの場の中に，跳び箱縦と横の２方向で試技できる場づくりも効率的・効果的です（右の２枚の写真）。

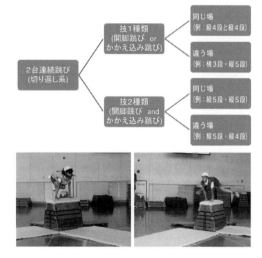

```
                              ┌─ 同じ場
                   技1種類      │  (例：縦4段と縦4段)
              ┌─ (開脚跳び or  ─┤
              │   かかえ込み跳び) │  違う場
2台連続跳び    │                └─ (例：横3段・縦5段)
(切り返し系) ─┤
              │   技2種類      ┌─ 同じ場
              └─ (開脚跳び and ─┤  (例：縦5段・縦5段)
                  かかえ込み跳び) │
                                └─ 違う場
                                   (例：縦5段・縦4段)
```

器械運動系

④ 本導入アイデアが育む学習評価

　授業後半では「運動による振り返り」で探究結果の報告会とします。例えば，「１台目の着地は膝が深く曲がるようにすると勢いをコントロールでき，２台目の踏切りにスムーズに入れます」などの言語化されたことだけではな<u>く，その動きのポイントを実際に動くことで振り返ることも学習評価をする</u>上で大切です。実際に動くと「着地にばかり意識したら，今度は踏切りが弱くなってしまった」など，課題の設定や再設定のための有益な情報を得ることもできます。その足場は，本導入アイデアがつくっています。

　なお，本導入アイデアは切り返し系の想定ですが，回転系との組み合わせも考えられます。同じ授業内で回転系と切り返し系の両方を指導する場合，回転系を先に取り上げると，切り返し系の学習の際に回転感覚が残っていて事故につながることがありますから，<u>切り返し系を先に取り上げる</u>ようにします。

参考文献　文部科学省（2015）学校体育実技指導資料第10集「器械運動指導の手引」
　　　　　鈴木一成（2022）知っておきたい運動教材シリーズ10，大日本図書

13 非常口のピクトグラムって速い？遅い？

「走り方」の導入アイデア

非常口などでよく見かける緑の人。
この人は足が速いでしょうか？
遅いでしょうか？

JIS Z 9095：2011 安全標識
一避難誘導システム（SWGS）一蓄光式

➡ 導入イメージ

教師：非常口などでよく見かける緑の人。
　　　この人は足が速いでしょうか？　それとも，遅いでしょうか？

児童：速い！

教師：どうして？

児童：え !?　前かがみになっているから！
児童：腕も振っているから！

教師：遅いと思う人？

児童：はい！　だって，……何となく……。
児童：あれ？　どっちだろう？　よく見かけるけど，考えたことないな？

児童：速い走り方って，どういうことだろう……。

▶ 「非常口のピクトグラムって速い？遅い？」の行い方
① 非常口のピクトグラムを見せて，「速い」か「遅い」かを問います。
② 「速い」と思うのはどうしてか，理由を考えて発表します。
　　「遅い」と思うのはどうしてか，理由を考えて発表します。
③ ②で意見が出ない場合は，東京オリンピック1964及び2020の陸上競技のピクトグフムとの比較が参考になります。

解　説

① かけっこ・短距離走の本質的な面白さとは？

　かけっこ・短距離走の本質的な面白さには，速い走りを感じること（疾走感）や走って競うこと（競走）があります。この本質的な面白さは「足が速くなりたい」「どうしたら足が速くなるのかな」という気持ちに火を付けます。この気持ちに応えるには，走り方についての「知識及び技能」をやさしく学ぶことができる導入が必要です。

② 本導入アイデアの要点

　非常口のピクトグラムの走り方は速いか，それとも遅いか。これが目の前の子どもの走り方だとしたら，どこを見て，何を指導するとよいのでしょうか。①どこをみるのかという外的な視点，②何がどうなるとよいかという内的な視点の２つが本導入アイデアの要点となります。

① 　どこをみるのかという外的な視点

　p.72の図と右図を比較すると「非接地脚（地面に着かない脚）の膝の屈曲具合」と「非接地脚と接地脚（地面に着く脚）の位置関係」の２点が違います。これらが走り方を観察する外的視点です。

② 　何がどうなるとよいかという内的な視点

　非接地脚の膝が屈曲していれば，回転半径が小さくなり，スイング速度が増します。また，非接地脚が接地脚をタイミングよく追い越すこと（スイング）も走り方では大切です。いわゆる「脚が流れること」を解消してくれるからです。さらに，腕もスイングしています。これは，中学年の「腕を前後に大きく振って走ること」の学びに対応します。

　一方，接地脚に着目すれば，前方に向かうための力を接地脚が加えていること（ドライブ）が分かります。つまり，走り方の学びの診断は，非接地脚の「スイング」と接地脚の「ドライブ」が視点になります。

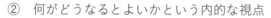

③ 導入から展開・整理への要点

　スキップは「スイング」と「ドライブ」の学びに最適です。下図の矢印の部分でスイングが起こり，矢印の拍を長くするにはドライブが重要です。

　展開では，この「スキップ」を中心にして，まず，「10mをできるだけ少ないスキップでいけるかな」という課題で「スイング」と「ドライブ」の向上に期待します。次に，「前後・左右・回転・斜め・ランダムの5種類でスキップ競走しよう」で，進行方向を決める接地脚の着地が思い通りにできるかでさらなる改善を図ります。股関節の自由自在なコントロールにもなります。そして，ペアやトリオでシンクロさせると楽しみ方も広がります。

　なお，スキップのつくり方は，①まず，手で机を叩いて「トット・トット」のリズムをつくります。②次に，椅子に座って脚で同じように音を出します。③最後に，立ってやってみて完

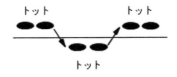

成です。スキップをしながら怒る人はいません。スキップには笑顔が似合います。リラックスすると余分な力も抜け，走る心地よさも味わえ，「力みのないリズミカルな動きで走ること（中学3年指導内容）」にもつながります。

④ 本導入アイデアが育む学習評価

　これまでの「かけっこ・短距離走」の学習評価は，50m走を何秒で走れるのかといった測定評価に頼りがちだったかもしれません。その学習評価には，「何を，どうすれば学習改善が図れるのか」といった情報は含まれません。本導入アイデアは，速い走り方の学習評価の観点になります。「10mをできるだけ少ないスキップでいけるかな」の課題を「20m，30m，40m，50m」として，初回からどれだけスキップの回数を減らせたか，その理由を「スイング」と「ドライブ」から考察することも学習改善の充実を図ることになります。なお，東京オリンピック1964及び2020の陸上競技のピクトグラムでは，p.74の図に似た動きとなっています。

陸上運動系

14 最初に動くのは 前足？後ろ足？どっち？

「かけっこ・短距離走のスタート」の導入アイデア

自分のスタート，
最初に動くのはどっち？
前足？それとも後ろ足？

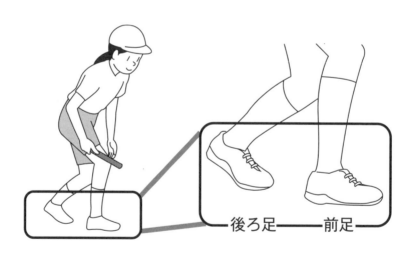

後ろ足 ―――― 前足 ――――

導入イメージ

教師：自分のスタート，最初に動くのはどちらでしょうか？
　　　前の足？　それとも後ろの足？

児童：え！？　どちらだろう？

教師：まず「位置について」のときはどういう姿勢？

児童：こうだよ（それぞれにスタート時の姿勢になる）。

教師：次に「よーい，ドン！」となるね。そのときに最初に動くのは？

児童：前の足かな？　後ろの足かな？　え？　どっちかな？

教師：やってみよう！

陸上運動系

▶「最初に動くのは前足？後ろ足？どっち？」の行い方

① 「位置について」の合図で，前後に足を開き，スタートの準備をします。

② 「よーい，ドン」でスタートします。

③ 走距離は２ｍ程度です。最初に動くのは前足か後ろ足か，調べてみましょう！

---

① かけっこ・短距離走の本質的な面白さとは？

走り方を学ぶ対象にすることはとても大切です。走り方は日常生活の中にも使われる動きだからです。そのため，学習しなくても無意識にできてしまう日常の走りがそのまま体育授業に持ち込まれてしまう場合があります。目の前の子どもの走りは学習した成果なのか，それとも学習しなくてもその走りなのかが不明な場合も少なくないように思います。確かに，これまでの体育の授業では，ゲーム化や得点化して楽しく走る活動は準備されていたかもしれません。しかし，子どもが一番知りたい「どうしたら足が速くなるのか」は，楽しく走る活動から各自が学び取っていくしかなかったのではないかと考えます。

子どもたちを速く走る学習にグッと引き込むには，これまで無意識だった動きにスポットを当てます。そこで，「これを知ったら速く走ることができるかも」という期待をもち，のちの展開でさらに「走り方」を追究できる本導入「最初に動くのは前足？後ろ足？どっち？」を提案します。

② 本導入アイデアの要点

子どもたちのスタートの動きは2つに分けることができます。

1つは「後ろ足が一気に前足を追い越す動き」です。この動きは，小学校中学年及び高学年の指導内容の「素早く走り始めること」に対応します。

後ろ足が一気に前足を追い越す。
積極的に腿を前に振り出す。

もう1つは「一瞬前足が浮き，接地後，直ちに後ろ足が前脚を追い越す動き」です。この動きは，スタートの合図

（ドン）で①後ろ足に重心が乗り（p.78下図①），②前足に重心を移します（p.78下図②）。そして，③後ろ足が前足を越してやっとスタートします。そのため，ロスタイムが生じる3 (スリー) モーションでのスタートとなります。一瞬ですが，このような子どもたちの動きは，決して珍しくありません。

③ 導入から展開・整理への要点

「前足が先に動くこと」から「後ろ足が先に動くこと」へ改善するには，導入を足場にして，展開において一連の運動教材のラインアップが必須です。2つご紹介します。1つは，「たった2m競走」です。2m先のコーンや旗を速く倒したら勝ちという2人1組のレースです。「1勝したら1歩後ろ」と相手と合意したハンディキャップで，勝敗の未確定を保障します。ドキドキ・ワクワクのレースを共に創ることにも期待できます。もう1つは，「新聞紙棒キャッチ」です。2人1組で，一方は走者，もう1人は新聞紙棒を地面に置いて立て，スタートの合図で新聞紙棒を離します。走者は2m先の新聞紙棒が倒れる前にキャッチできるかに挑みます。なれてきたら徐々に距離を離していきます。「たった2m競走」と「新聞紙棒キャッチ」の運動教材は，授業の展開で活用します。そして，授業の終盤での学習の整理において，再び，「最初に動くのは前足？後ろ足？どっち？」の出番です。「先に動くのは前足か，後ろ足か」を確かめることで，中学年であれば「いろいろな走り出しの姿勢から，素早く走り始めること」，高学年であれば「スタンディングスタートから，素早く走り始めること」の学習内容と関連させて，振り返りを行います。

④ 本導入アイデアが育む学習評価

本導入アイデアは「スタートの動きづくり」の学習評価にも一役買います。最初に動くのは前足か後ろ足かの選択肢は，動きの視点を明確にした学習評価の実現にも期待できます。

陸上運動系

15 ペアで直線ペーパーパス

「リレー」の導入アイデア

紙を落とさず，
走りながら受渡しできるかな？

導入イメージ

教師：紙を落とさず，走りながら受渡しできるかな？

児童：どういうこと？

教師：１人が紙を手のひらに乗せて風を受けて走り，もう１人の手のひらへ
紙を受渡します。紙は手のひらに当てているだけなので，止まると落
ちちゃいます。２人でうまく受渡しができるかな？

児童：面白そう！　やってみよう！（トライする）

児童：もう少しでうまく渡せそう！　どうしたらいいかな？

児童：紙を受渡すときに落ちそうになるから，いっしょに走る時間を少し多
めにしてみようよ！

教師：（子どもたちのトライ＆エラーの学習状況をみて）おしい！　どんど
んうまくなっているよ！　うまくいかない場合が続いたら新聞紙を使
ってもいいよ！　うまくいった場合は紙を小さくしてみよう！

▶ **「ペアで直線ペーパーパス」の行い方**

① ペア（２人１組）で，Ａ４サイズ１枚の紙を準備します（うまくい
かない場合は，Ａ４サイズよりも大きい新聞紙で行います）。

② ２人で直線10m程度，走りながら紙を落とさず受渡すことに挑戦し
ます。

③ 何度もトライして，落とさず受渡すためのコツをペアで探してみま
しょう！

陸上運動系

❶ リレーの本質的な面白さとは？

　子どもたちにとっての「リレー」が競技化されていると，「リレーとは『バトン』をつなぐもの」と答える場合があります。「バトン」が，陸上競技で使用される道具であるためか，「バトン」をつなぐ動きもまた，競技化された動きのイメージを連想させ，目指す正解となります。洗練化された競技の動きがいきなり正解として子どもに意識されてしまうと，現在の動きはそれに満たない不正解となって自覚されます。ここが学習のスタートラインとなってしまう場合があります。子どもたちをリレーの学習にグッと引き込むには，リレーの本質的な面白さと出合うことです。渡し手と受け手は「バトン」で互いの「スピード」をつないでいます。「バトン」は手段ですから代替可能です。しかし，「スピードをつなぐこと」は，リレーの本質的な面白さであり，リレー固有の学びです。つまり，リレーの本質的な面白さとは，「スピードをつなぐこと」です。ここにアクセスするために，「バトン」の出番を後に回し，日用品としてなじみのある紙をトップバッターにします。

❷ 本導入アイデアの要点

　「ペアで直線ペーパーパス」のポイントは３つです。①人数，②走距離，③試行回数です。この３つは，導入アイデアに留まらず，授業の展開及び他学年でのリレーの教材づくりの要点です。

　まず，①人数は，ペーパーの受渡しが成立する最小人数ペアから始めます。ペアは２人称であり，自分と相手の関係が明確になり，２人にしか分かり合えない運動世界の中で探究する学びに最適な人数です。

　次に，②走距離は，10m程度の短い距離から始めます。走距離が長いと１回での疲労度が大きくなり，個人の体力・走力の要因が入り込み，本質的な面白さである「スピードをつなぐこと」にアクセスしにくくなります。

　そして，本質的な面白さと出合えば③試行回数は増えていきます。Ａ４の

紙を用いて，手のひらに載せて走っても落とさないでパスできる方法の探究です。２人の最適解となる「スピードをつなぐこと」は，試行錯誤することでつかむしかないため，結果として，互いのスピードをつなぐことに向けて試行回数が豊富になります。走距離も短いため何度もトライができます。

③ 導入から展開・整理への要点

本導入の「スピードをつなぐこと」が学習の起点になると，展開への移行もスムーズです。さらに面白くするアイデアの追加が学習の展開になるからです。例えば，「慣れてきたら徐々にスピードを上げてみよう」「距離も少しずつ伸ばしてみよう」などです。これに応じる探究課題としては「８秒で２人の距離をどこまで伸ばせるかな？」がお勧めです。<u>最適なペーパーパスは，本気勝負のレースでの運動経験と，その反省の蓄積によって決まります</u>。そのために必要な学習経験の回数を保障することが，本導入アイデアからの展開により可能となります。さらに，学習の整理として，通常は学習カード等で振り返りを実施することもありますが，例えば，学んだことを生かして「トリオで100mを目指すこと」も学習の整理として考えられます。振り返りも導入アイデアを発展させた運動で実施します。なお，本導入アイデアが難しい場合は，ゾーン内で手をつないで走る（走ってきた人のスピードと同じくらいのスピードで手をつなぐ），「ゾーン手つなぎ走」に変更します。

④ 本導入アイデアが育む学習評価

本導入アイデアは「スピードをつなぐこと」の学習評価にも一役買います。例えば，電車好きの子どもがスピードを最もうまくつなぐペアを「特急電車」，まあまあペアを「準急電車」，ペーパーを落としてしまいスピードをつなげられないペアを「普通電車」と評価していました。「スピード」を可視化する「ペーパー」は，停車する駅が少ない順で「特急・準急・普通」の各種電車となり，減速の少ない動きと重ねている点は見事でした。導入アイデアが本質的な学びの足場となり，学習評価のアイデアにも結実できます。

16 0歩助走で水たまりジャンプ！

「幅跳び・走り幅跳び」の導入アイデア

0歩助走（助走なし）のケン・パで
水たまりジャンプ！

導入イメージ

教師：ここに「水たまり（に見立てたブルーシート）」があります。
　　　「ケン・パ」で落ちないように跳び越せるかな？

児童：「ケン・パ」？

教師：そう「ケン・パ」，片足で「ケン」，着地で「パ」だよ。
　　　その場でやってみよう！

児童：(その場で「ケン・パ」) うん，簡単！　簡単！

教師：上手だね！　それと「0歩助走」で「ズッコケはアウト！」だよ！

児童：「0歩助走」？　「ズッコケはアウト」？

教師：「0歩助走」は，助走はなしで「ケン（片足踏切り）」だよ。
　　　そして，「ズッコケはアウト」は，両方の足の裏で「パ（両足着地）」
　　　だよ！「ズッコケ（転倒など）」はなしだよ。

児童：よーし！　やってみよう！

▶ 「0歩助走で水たまりジャンプ！」の行い方

① 「水たまり（に見立てたブルーシート）」を準備します。

② 0歩助走の「ケン（片足踏切り）・パ（両足着地）」をします。

③ 0歩助走の「ケン・パ」の動きが安定してきたら，「雨がふって
　『水たまり』が少し大きくなったぞ！」と言いながら，「水たまり」
　の幅を少しだけ大きくしていきます。

陸上運動系

① 幅跳び・走り幅跳びの本質的な面白さとは？

　幅跳び・走り幅跳びは，遠くへ跳ぶことが面白さの中心です。そのため，「何としても遠くへ跳びたい！」とハートに火をつける仕掛けが大切です。本気は学びの原動力です。そのシカケの１つが「ちょうどよい水たまり」です。跳べるか跳べないかのギリギリの幅の「ちょうどよい水たまり」は，「さあ！　この幅を跳び越せるかな？」と言わんばかり，挑戦状を出しているようです。つまり，幅を跳ぶ面白さを誘発しています。本導入アイデアでは，折りたたんだブルーシートを「ちょうどよい水たまり」に見立てて，幅を調整して学習環境をデザインします。

② 本導入アイデアの要点

　本導入アイデアの「０歩助走で水たまりジャンプ！」のポイントは３つです。①踏切り足を決めること，②強く踏み切るには足裏全体を使うこと，③足裏で着地することです。この３つの動きは互いに関連しています。区切る練習はせず，①②③の一連の動きを「ケン・パ」として遊びます。

　「０歩助走」は，踏切り足を着いた姿勢から跳びます。そのため，踏切り足を決めること（①）になります。「水たまり」の小さい場合や初めて取り組む場合は，立ち幅跳びのように「両足踏切り・両足着地」が考えられます。次第に慣れてくると，跳べるか跳べないかのギリギリの幅が「ちょうどよい水たまり」に挑戦したくなります。すると，どちらかの足を下げるようになります。このとき，左右どちらの足を前に出すかによって必然的に踏切り足を決めること（①）ができます。また，「反対足をスイングさせて腿をしっかり上げる」という動きが引き出されます。なお，踏切り足が決まらないときは，何度が試行させて「やりやすい・やりにくい」といった差異を感じることを手掛かりにします。このときも「練習」とは言わず，「どちらの足で踏切ると水たまりを楽に越せるかな」として遊びの世界を壊さないようにし

ます。「ズッコケはアウト」は，足裏で着地すること（③）の必須アイテム
です。着地から教えることは指導の鉄則といえます。<u>安全に着地できること
は，思い切り跳ぶこと</u>を支えます。技能指導は安全指導です。

❸ 導入から展開・整理への要点

　「０歩助走」から「１歩助走」への展開の
要点は，「水たまり」の幅に変化を付けてい
くことで「ちょうどよい水たまり」の幅を選
択させ，「もっと遠くへ跳びたい」という気

持ちに火を付けることです。脚に前後差をつくり，後方の脚が前方へスイン
グするだけでは限界です。ここが「１歩助走」の出番です。「１歩助走」は，
踏切り足を決めること（①）に加え，強く踏切るには足裏全体を使うこと
（②）を学べます。

　なお，展開では，遠くへ跳ぼうとするあまり着地が乱れる場合があります。
<u>必要に応じて，展開でも本導入に戻り，けがをしない
着地を学びの足場とします。</u>それでも足裏の着地が難
しい場合は「すべり台」がお勧めです。着地姿勢が類
似して，滑る姿勢と空中姿勢も類似します。

❹ 本導入アイデアが育む学習評価

　本導入アイデアの要点①②③は「遠くへ跳ぶ動きづくり」の学習評価にも
一役買います。自己評価や相互評価の観点になるからです。これらの学習評
価が充実するためには，「水たまり」がそうであるように，遠くへ跳びたく
なるシカケが必要です。「歩数別選手権」として「０・１・３・５歩助走部
門」の実施や，その記録をもとにして，「グループ分の記録の総和ＶＳ世界
記録」や「クラス全員の記録の合計ＶＳ学区の南北直線距離」の目標設定も
一例です。本導入アイデアは，目標と学習評価の観点を共にもち（共有），
遠くへ跳ぶことの面白さに感動すること（共鳴）も育んでくれると思います。

17 0歩助走でゴム跳び！

「高跳び・走り高跳び」の導入アイデア

0歩助走（助走なし）で
またいでゴム跳び！

| 0歩助走 | またいでゴム跳び |

導入イメージ

教師：4人1組になります。2人がゴムをもち，2人が「0歩助走で，また
いでゴム跳び」をします。途中で交代します。

児童：0歩助走？　またぐの？

教師：そう！　助走は0歩だから，ゴムの手前に立ったところからゴムの向
こう側へまたぐよ。最初は，ゴムを持っている人の足首の高さだよ。

児童：(やってみる) 足首の高さなんて，簡単！　歩いてもできちゃう。

教師：慣れてきたら，「足首・すね・膝・腿……」と段々上げていこう！
無理のない高さだよ！
ただし，「ズッコケはアウト」だよ！

児童：「ズッコケはアウト」？

教師：そう！　必ず，足の裏で着地だよ！　高くなってきても「0歩助走」
と「ズッコケはアウト」だよ！

児童：簡単！　簡単！　面白そう！　よし！　やってみよう！

> **▶「0歩助走でゴム跳び！」の行い方**
> ① 4人1組でゴムを持つ側と跳ぶ側に分かれ，途中交代します。
> ② 高さは「足首・すね・膝」の順で行います。
> ③ 0歩助走の「またいでゴム跳び」の動きが安定してきたら，「腿・へ
> そ」の順で無理のない高さで行います。

陸上運動系

高跳び・走り高跳びの本質的な面白さとは？

　高跳び・走り高跳びは，高く跳ぶことが面白さの中心です。そのため，前ページの幅跳び・走り幅跳びと同様，「何としても高く跳びたい！」という気持ちに火を付けます。そのシカケの１つが「ちょうどよい高さ」です。跳べるか跳べないかのギリギリの「ちょうどよい高さ」は，跳び越したくなる面白さへ誘ってくれます。また，ゴムであれば，当たっても痛くないので安心です。なお，「ちょうどよい高さ」の設定は，国際的な長さの単位（ｃｍ）を基準とすると，身長差での優劣がつきます。そこで，「自分の体をスケール」にすることで，その身長差を吸収して，「へそまで跳ぼう！」といった共通課題の設定が可能になります。

② 本導入アイデアの要点

　「０歩助走でゴム跳び！」のポイントは３つです。①踏切り足を決めること，②強く踏み切るには足裏全体を使うこと，③足裏で着地することです。この３つの動きは先の幅跳び・走り幅跳びと同様ですが，本導入アイデアでは，①②③の一連の動きを「またいで跳ぶ」として遊びます。

　「０歩助走」は，踏切り足を着いた姿勢から跳びます。そのため，踏切り足を決めること（①）になります。また，ゴムとの位置も大切です。遠いと長く跳ぶことにもなりますし，近過ぎるとまたぎにくくなります。適切な場所に踏切り足を置くことで，踏切り位置を決めることにもなります。なお，踏切り足が分からない場合は，長なわとびの８の字跳びのような動線で「またいでゴム跳び」を行うと，左右の踏切りの経験から「またぎやすい・跳びやすい」方を選ぶことができます。

　ゴムの高さは「足首・すね・膝」の順で高くしていきます。「０歩助走でゴム跳び！」では，ゴムに「遠い方の足が踏切り足」になり，「右」手にゴムがある場合は「左足が踏切り足」となり，「左」手にゴムがある場合は

「右足が踏切り足」になります。もし，逆となっている場合，すなわち，踏切り足がゴムに近い方の足になると，へそが下になるベリーロールのような跳び方となります。その場合は，「ゴムに遠い方の足での踏切り」となるように修正していくことが大切です。

　「ズッコケはアウト」も幅跳び・走り幅跳びと同様，足裏で着地すること（③）は大切です。特に，安全面の配慮として始めからセーフティーマットを使用すると，着地場所が柔らかすぎたり，分厚いがゆえに高さもあったりして，かえって足裏で着地が難しい場合があります。「足首・すね・膝」まではマットなしで，足裏で着地することを指導します。

③ 導入から展開・整理への要点

　「０歩助走」から「１歩助走」への展開の要点は，ゴムの高さが上がってくると，ゴムに近い方の足を前後に振ってスイングする動きが生じます。そして，「腿・へそ」と高さが上がってきたときに「１歩助走」の出番です。「１歩助走」は，踏切り足を決めること（①）に加え，強く踏み切るには足裏全体を使うこと（②）を学べます。また，展開では，振り上げ足だけではなく，踏切り足もまたゴムを越える必要があります。そこで，ゴムを２本にしたダブルバーや段ボールを積み重ねるなどの「高幅跳」もお勧めです。なお，筒状にした新聞紙の中にゴムを通せば，新聞紙バーとなり，本導入アイデアでのゴム跳びからの教具への移行もスムーズになります。

④ 本導入アイデアが育む学習評価

　先の幅跳び・走り幅跳びと同様，「歩数別選手権（０・１・３・５歩助走部門）」や「高幅跳選手権（段ボール積み重ね部門・ダブルバー部門）」での「へそ・胸」の高さを跳ぶための探究では，本導入アイデアの要点①②③が「高く跳ぶ動き」の自己評価や相互評価の観点になります。

陸上運動系

18 投げたい！そう（投げ体操）

「投の運動（遊び）」の導入アイデア

「投げたい！そう（投げ体操）」 をやってみよう！

導入イメージ

教師：今から「エアーボール（透明なボール，実際にはない）」を渡すよ。

児童：ちょうだい！　ちょうだーい！

教師：はい。それを「投げたくなっちゃう，投げたい！そう（投げ体操）」
　　　のリズムで，遠くへ投げるよ！　投げる方の手に「エアーボール」を
　　　ムギュとつかんで持ってね。準備はOK？

児童：OK！

教師：では，先生の真似してね！　いくよ！
　　　（ゆっくり大きな動きで「投げ体操」を行う）

教師・児童：イチ・ニ・イチ・ニ・イチ・ニ・サーン！

▶ 「投げたい！そう（投げ体操）」の行い方

① 「イチ」の動き
　　両腕を胸の前で交差させます。
② 「ニ」の動き
　　大きな円を描くように両腕を振り下ろし，その勢いで高い位置まで
　　振り上げます。
③ 「サーン」の動き
　　振り上げた腕を一気に振り下ろします。
④ ①から③を基本として，いろいろなリズムで「エアーボール」を投
　　げて遊びましょう。

陸上運動系

① 投の運動（遊び）の本質的な面白さとは？

　小学校学習指導要領（平成29年告示）解説の「内容の取扱い」には「児童の実態に応じて投の運動遊びを加えて指導すること」が示されました。陸上運動系に位置付くことを考慮すると，その面白さは「投げる動きそのもの・遠くへ投げること」になります。

② 本導入アイデアの要点

　「投げたい！そう」は，投げるリズムをつかむ場合にお勧めです。過度に動きを細分化せず，投げる動きをひとまとまりとした心地よいリズムを大切にします。「イチ・二，イチ・二，イチ・二・サーン」がお勧めです。「イチ・二，イチ・二」を繰り返すと，ラジオ体操の「腕を振る運動」にも似てくるので，子どもたちは「やったことがある」「簡単でやれそう」という感想をもち，なじみのある動きとなります。また，肩回りの緊張もほぐれてきます。

　こうしたなじみのある動きを使って，「サーン」で振り上げた腕を一気に振り下ろします。友達とリズムを合わせると，動きもあってきて，大いに盛り上がります。

　「大きな動きでやりましょう」という抽象的な指示よりも，「投げる直前の『二』のときに，お相撲さんの『どすこい！（四股を踏む動き）』のように」などの具体的な行い方が効果的です。また，「エアーボール」なので，いろいろな大きさや重さ，形のボールを設定することができます。さらに，どこに飛ばすのかも自由に設定して遊ぶことができます。

　投げる動きのポイントは，投げる直前に「投げ手ではない方」の腕が下がらないことです（右写真）。投げ手ではない方の腕は，投げる方向に上げ，投げるときに一気に手前に引

くと，体のひねりも生じやすくなります。そこで，投げる直前の「二」の時に，「投げる方向を指で指して，ねらう場所もしっかり見ること」を大切にします。一連の投げるリズムをつかむ「投げたい！そう」を楽しく行うことで，投げる動きの準備が万全になります。

③ 導入から展開・整理への要点

　導入は「エアーボール」でしたが，展開は「ボール」を使用した「投げ体操」を行います。「ボール」は片手でつかめるサイズがポイントです。低学年の子どもは手の平が小さいのでボールによってはつかめない場合があります。つかむポイントは親指と小指でボールを挟むことです。なお，ボールでなくても，新聞紙を丸めた「新聞紙球」やハンカチやバンダナをひと結びした「ハンカチボール・バンダナボール」はサイズを変えることができます。

　「二」の動きでは，ボールをもつ肘を高く保つことが大切です。肘が落ちる場合はボールではなく新聞紙棒に替えます。振りかぶる時に新聞紙棒を背中にポンと当てると肘を高く保つことができます。

　「サーン」の動きでは，後方にある体重を一気に前方に移動させることがポイントです。ラインを挟むことで体重移動とひねりが生じやすくなります。紙鉄砲を使って「大きな音を出せるか」の課題も効果大です。

④ 本導入アイデアが育む学習評価

　投げる動きづくりの教材配列は「強く・遠く」が先，「ねらって」が後です。「ねらって」投げる場合はコントロールが必要です。より慎重になり，ダーツのような動きになります。その学習経験後に，「強く・遠く」投げる課題へ変更しても，慎重な動きが転移され，体全体を使って投げることが期待できない場合があります。まずは思い切り「強く・遠く」投げる教材で動きの可動域を広げ，次に「ねらって」投げる教材で広げた可動域の中で調整する配列が要点です。すなわち，学習評価は「ねらう」よりも先に「強く・遠く」を対象とすることが大切です。

陸上運動系

19 不安解消プログラム

「水慣れ・顔つけ・もぐる」の導入アイデア

むりなく「水なれ」しよう！

①どこにかける？

（顔からとおい → ちかい）

②水の量はどれくらい？

（スプーン → コップ → ペットボトル）

③安心する姿勢は？

（顔を手でおおう → 顔を手でおおわない）

④水をかけてもいい？

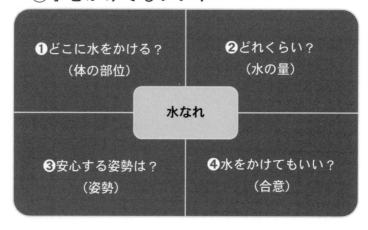

❶どこに水をかける？（体の部位）	❷どれくらい？（水の量）
	水なれ
❸安心する姿勢は？（姿勢）	❹水をかけてもいい？（合意）

導入イメージ

児童：水，こわいな。不安だな。

教師：大丈夫だよ！　まずはプールサイドで，むりなく「水なれ」しちゃお
　　　う！　まずは，水がかかっても大丈夫なところは？

児童：顔は嫌だな……足だったら大丈夫だよ。

教師：では，足にしよう！　次に，水の量はスプーン1杯にする？
　　　コップ1杯にする？　それともペットボトル1本にする？

児童：じゃあ，コップ！

教師：顔を手でおおう？　それとも顔を手でおおわない？　どっちにする？

児童：足だから顔を手でおおわなくても大丈夫だよ！

教師：じゃあいくよ！

児童：いいよ！（あー気持ちいい！　これだったら膝でもいいかも！）

> ▶ 「不安解消プログラム（水慣れ）」の行い方
> ① 「水慣れ＝①部位×②水量×③姿勢×④合意」で，各①から④を自
> 　分で決めます。
> ② 無理なくできるところから始めます。
> ③ 水をかけるのは必ず「じゃあいくよ（水をかけるよ）―いいよ」の
> 　合意があった場合とします。

水泳運動系

❶ 水泳系の本質的な面白さとは？

　宇宙旅行の開発事業は加速化し，子どもたちが大人になる頃は，「ちょっと宇宙へ」なんて時代でしょうか。水泳運動系は特殊環境の学びであるがゆえに，宇宙に行くための準備といってもよいかもしれません。宇宙が，地球と異なる特殊環境のため，呼吸の確保と無重力状態等への備えが必要です。水泳運動系は陸と異なる水の中という特殊環境のため，呼吸の確保と浮力等への備えが必要です。備えあれば憂いなし。万全な備えが恐怖心を解消します。その万全な備えは，「不安解消プログラム」が担います。

❷ 本導入アイデアの要点

　本導入アイデアの「不安解消プログラム（水慣れ）」は，表の❸に対応します。まずはプールサイドで，次にプールの中で行います。このポイントは「水慣れ＝①部位×②水量×③姿勢×④合意」です。①は水をかける部位です。顔から一番遠い部位から段々と顔に近づけていきます。②は水の量です。段階的に増量します。恐怖心がある場合は，勢いよく多量の水が出るシャワーは難関です。そこで，水泳の授業日の朝，登校後にペットボトルに水

表　水泳運動系の学習内容の一覧表（例）

領域名	学習内容の整理（例）			各学年の指導（例）【該当学年の学習内容と【◎】と「学び直し」の充実（○）】								
	呼吸の仕方	浮く・もぐる	推進	小1	小2	小3	小4	小5	小6	中1	中2	中3
水遊び	❶口で息を吐く	❸水をかける・水の中に入る 浮力を感じる	❺水の中で歩く・走る・ジャンプ 抵抗を感じる	◎	○	○	○	○	○	○	○	○
水遊び	❷鼻で息を吐く	❹もぐる・目をあける	❻水底から足を離して移動する		◎	○	○	○	○	○	○	○
水遊び	❼けのびで息を吐く		❽けのびで進む			◎	○	○	○	○	○	○
水泳運動	❾手をかきながら息をすう・呼吸をしながら手や足を動かして　　進む						◎	○	○	○	○	○
水泳運動	交互・同時かき，交互・同時キックに，呼吸合わせ　　進む							◎	○	○	○	○
水泳運動	交互・同時かき，交互・同時キックに，呼吸合わせ　ながら　　長く進む								◎	○	○	○
水泳運動	交互・同時かき，交互・同時キック，呼吸のバランスをとりながら　　長く進む									◎	○	○
水泳	交互・同時かき，交互・同時キック，呼吸のバランスをとりながら　　速く進む										◎	○
水泳	交互・同時かき，交互・同時キック，呼吸のバランスを保ちながら，安定したペースで　　速く長く進む											◎

を入れ，プールサイドに置いておきます。シャワー代わりにそれを活用します。気温が高い日には自作の温水シャワーにもなります。また，玩具店のおままごとセットを活用して，まずはスプーン1杯から始めます。③は本人の姿勢です。手で顔を覆う等，本人に無理がなく不安が軽減できる姿勢を奨励します。④は必ず本人の合意の下で行うことです。なお，水遊びの教材に「水のかけ合い」があります。これは①から④が確保されません。特に，④の本人の合意なく，②予想外の水量の多さが水への恐怖心を増幅させる可能性があります。「水のかけ合い」は発展教材とすることがお勧めですが，その下位教材として「自分に雨を降らしましょう！」を位置付けます。

③ 導入から展開・整理への要点

　本導入アイデアを丁寧に行い，展開では「不感解消プログラム（顔つけ・もぐる）」を行います。これは表の❹に対応します。①顔を洗う，②顔を水につける（洗面器につける・水の中に入って両手で輪をつくり，その中に顔をつける），③顔のパーツ（顎・口・鼻・耳・おでこ・頭）を浸す，④水底にしゃがむ，⑤すわるの5段階です。表の❶❷に加えて，陸で行わない「息を止める」という呼吸法とセットで行うと効果的です。

④ 本導入アイデアが育む学習評価

　「顔つけ」はできるけれど，「もぐる」ことができない場合があります。それは，「耳」がハードルになっている可能性があります。原因は「耳に水が浸ること」の不快感です。その場合は，本導入アイデア「不安解消プログラム（水慣れ）」の①で「耳」への水かけを丁寧に行います。この不快感が残ると，例えば，「耳まで水につけること」がポイントとなる背浮きのときに背中が丸まり腰が折れて沈みやすくなります。「耳」は息をかけられるだけでゾッとするほど，感度が高い部位です。本導入アイデアは，子どもたちの不安を解消するための学習評価としての役割があります。

水泳運動系

20 映える水中写真大賞

水中での学びを可視化する ICT 利活用

映える水中写真を撮ってこよう！

導入イメージ

教師：映える水中写真をとってこよう！

児童：え？　映える写真？

教師：そう！　水の中のすてきな運動の世界，ぜひ写真でとってこよう！

児童：面白そう！

教師：自分でとってもいいし，友達にとってもらってもいいね！

児童：どんな写真がとれるかな？楽しみ！

▶ 「映える水中写真大賞」の行い方

① 4-6人グループで1台，水中カメラを配布します。

② 思い思いに水中写真を撮ります。

③ 今日の「マイ・映える写真」を決めます。

④ 全員でこれまでの写真を共有して，「映える水中写真大賞」を決めても盛り上がります。

水泳運動系

解　説

① 水泳系の本質的な面白さとは？

　水泳系の本質的な面白さは「水中」という特殊環境下での学びの探究です。その「水中」での動きは，当然ながら「水中」にしかありません。浮力による動きと，呼気が泡となることは，陸上にはない特殊な環境における運動世界として面白さを広げたり深めたりすることができます。また，その面白さは，飛躍的なＩＣＴ機器の発展により水泳系における利活用を通して，可視化することもできます。

② 本導入アイデアの要点

　本導入アイデアは，水中カメラを活用した「水中自撮り・他撮り」を通して，水の中という特殊な環境での学びである「呼吸」と「もぐり方・浮き方」を探究することが期待できます。「呼吸」については，子どもたちの「水中自撮り・他撮り」は「泡なし」と「泡あり」の２つに分けます。いずれも「水中で息を止めたり吐いたりすること」を診断できます。「泡なし」であれば，水中で息を止めることを学んでいるといえます。一方，「泡あり」であれば，水中で息を吐くことを学んでいるといえます。さらに，泡の出所が鼻からであれば鼻で息を吐くこと，口であれば口で息を吐くこと，その両方なのかによって分類することも可能となります。「もぐり方・浮き方」については，いろいろな水中でのポーズに着目することが大切です。

③ 導入から展開・整理への要点

　水中に存在する泡は吐く息だけとは限りません。例えば，自らがジャンプした勢いで水中に一気に沈み込むときにできる泡であったり，手や足で水面を叩くなどして起きた泡であったりします。展開では，「泡遊び」と称して，長く細かい泡，短く大きい泡，一定の泡，不規則な泡などの泡の種類を学習課題とすることで，バブリングのバリエーションを増やすこともできます。

バブリングで，水中で息を吐くことが苦手な児童には，「泡あり」の自撮り・他撮りの活動を行い，水中で声を出す（自分の名前を言う・歌を歌う）ことで，口で息を吐くことができるようにすることも考えられます。

また，「水中自撮り・他撮り」は「映える写真や動画の撮影」へと発展させていくことで，水中でのいろいろな姿勢への探究につながります。例えば，人文字は「一」「三」等はプールサイドで観察できますが（図1・2），水中での「ん」「し」はいずれも水中でしか観察することができません（図3・4）。水中での運動遊びに子どもたちを誘うことができます。

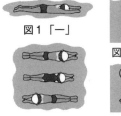

図1「一」

図3「ん」

図2「三」

図4「し」

出典：「小学校体育（運動領域）指導の手引き」スポーツ庁

④ 本導入アイデアが育む学習評価

本導入アイデアに限らず，写真や動画は自撮りでない限り，撮影者は映りません。しかし，本導入アイデアでの撮影者もまた被撮影者と同様に水中に身を投じて，呼吸と浮き身を駆使しています。もし被撮影者の背面から光が差し込んでいるとしたら，撮影者は被撮影者よりも深い場所からの撮影であったといえます。撮影者の方がもぐる時間も長く，深い位置からの撮影では，浮力に負けないように，手や足を使っていろいろな姿勢でもぐることが求められます。子供たちの運動世界の理解は，言葉だけではなかなか紐解けない場合が少なくありませんが，例えば1枚の写真がもつ力を保護者の実践理解へとつなげることもできます。個人懇談会時に保護者投票も行い，「映える水中写真大賞」を決める活動を行えば，その写真の選定に至る過程に数々の写真との対話を必要とします。その写真が物語る子どもたちの学びが，子ども同士，子どもと保護者，そして子どもと教師の間を行き来することで，実践理解が深まっていくことも，本導入アイデアが水泳運動系のＩＣＴ利活用の一助にもなります。

水泳運動系

21 3つの下じき実験

「浮き方」を知る導入アイデア①

A，B，Cの3つの下じき。
手を離すと，それぞれどうなるか？

導入イメージ

教師：3つの下じき，手を離すとどうなるかな？

児童：Aは，パタンと倒れるよ。
児童：もしかして，ビヨンと飛び出してきたりして！

児童：Bも，すぐに倒れちゃうよ！
児童：そうそう，斜めになっているから倒れてゆっくり沈むよ，きっと。

教師：では，Cはどうかな?!

児童：Cは倒れているから，Bと同じかな？
児童：そのままゆっくり沈んじゃうかも？

教師：では，どうなるか，確かめてみましょう！

▶ 「3つの下じき実験」の行い方
① まず，下じきの半分くらいまで水につけます。
② 次に，Aは垂直，Bは斜め，Cは平行になるようにセットします。
③ そして，3つの下じきはどうなるでしょう？
　予想を出し合ってから，実験・観察します。

水泳運動系

解　説

① 浮きやすさを知る面白さとは？（伏し浮き編）

　陸上と異なり，水中では浮力が生じます。この環境下で浮き身の姿勢を保持しつつ，呼吸するために水面から顔を出すには，水中でのバランスが求められます。水中でのバランスをとるためには，上下左右前後等の方向感覚のベースとなる「水平に浮く感じ」の感知が必要です。これは低学年での水遊びや中学年のけのびや初歩的な泳ぎにおいても大切です。また，高学年の「続けて長く泳ぐ」ことにつながるためにはとても大切です。なぜなら，「水平に浮く感じ」が感知できないと，バランスの崩れが生じても，瞬時にリカバリーできず，浮身姿勢を崩してしまうからです。それでも，強引に推進を試みようとすると，過度に水の抵抗を受けることになります。ここに本導入アイデアの出番があります。

② 本導入アイデアの要点

　本導入アイデアは「何を知れば浮くことができるのか」に迫ることです。ここでの要点は，「Ａ・Ｂ・Ｃの３つの下じき（p.104参照）」と「自分たちの浮く動き」とをそれぞれ対応させることです。実際に，やってみると次のような結果になります。

　Ａは，そのまま真下にストンと落ちます。

　Ｂは，左斜め下へストンを滑り落ちます。

　Ｃは，浮きます。

　Ａの下じきは，プールの中で立っている姿勢です。浮こうと思って水底から足を離してもすぐに着地してしまいます。Ａが真下にストンと落ちる，つまり沈むことと同じです。

　Ｂの下じきは，例えば，クロールの息継ぎで顔だけ上げようとする姿勢と類似します。

　Ｃの下じきは，なぜ浮くのか？　ここでは「浮く姿勢とは，水面と平行に

なること」を押さえます。仰向けでもうつ伏せでも，Ｃの姿勢になると浮けることになり，けのびの姿勢や背浮きの姿勢など，浮きやすいイメージづくりになります。なお，例えば，クロールの息継ぎで耳が腕から離れるとＡやＢの姿勢になり沈みやすくなるので，「腕枕（耳を腕に乗せる姿勢）」と助言すると，Ｃに近づくことになります。

③ 導入から展開・整理への要点

　展開では，導入の「３つの下じき実験」を学習の起点にして，「変身！いろいろ浮き身」と称して，多様な姿勢を試行して浮きやすさを探究します。導入と展開をスムーズにつなげるには，「姿勢変化しても元に戻ることができる」というリカバリーが必要であり，これが探究活動を充実させます。

　例えば，伏し浮き（①）から立つ方法は，息を吐きながら両腕を前から後ろへかき，両膝の下まで

持ってきます（②）。上体が起きたら立ちます（③）。多様な浮き方も一度，①の姿勢になり，②③の順で立つとスムーズです。

　背浮きから立つ方法は，息を吐きながら，アゴを引き（❶），一度，顔を水の中に入れ，背中

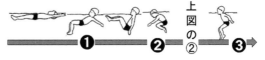

を丸めます（❷）。あとは，先ほどの伏し浮きから立つ方法と同じで，息を吐きながら両腕を前から後ろへかき，両膝の下まで持っていき（上図②），上体が起きたら立ちます（❸）。次の導入アイデアにも活用します。

④ 本導入アイデアが育む学習評価

　子どもたちの学習改善には，「浮きなさい」ではなく<u>「何を知ったら浮けるのか」</u>という情報が必須です。導入の「知ることによってできる」と，展開の「することによってできる」の両アプローチが豊かな学習評価となります。

水泳運動系

22 体にある浮き輪を使って, どっちが浮きやすい?「バンザイ」or「気をつけ」

「浮き方」を知る導入アイデア②

どっちが浮きやすい?

バンザイ

気をつけ

導入イメージ

教師：浮き輪を使いましょう！

児童：やったー！　でも，どこにもないよ？

教師：みんなの体の中にある浮き輪だよ！

児童：え？

教師：大きくたっぷりと息をすって……止めて……ゆっくりはいてー。
児童：（大きくたっぷり息をすって，止めて，ゆっくりはく）

児童：あ！　わかった！　むね（肺）だ！

教師：そう！　そして，どっちが浮きやすいかな？
　　　「バンザイ」？　それとも「気をつけ」？

児童：同じじゃないかな？　「気をつけ」の方が浮くのかな？
児童：分からないな……ためしてみよう！

▶「体にある浮き輪を使って，どっちが浮きやすい？
　『バンザイ』or『気をつけ』」の行い方

① たっぷり息を吸って浮き輪（肺）に空気をいれます。

② 両手を挙げて「バンザイ」の姿勢をして，しずかにゆっくり背浮き
　をします。「バンザイ」の浮きやすさを確かめます。

③ ②から，ゆっくり両手を腿につけて「気をつけ」の姿勢をします。
　「気をつけ」の浮きやすさを確かめます。

水泳運動系

▌▌　解　説　▶

① 浮きやすさを知る面白さとは？（背浮き編）

「どうしたら楽に浮くことができるか」を探究する面白さが水泳系の学びにはあります。そのアプローチには「知る（する）ことによってできる（分かる）」があります。深く知ろうとする子どもたちの知的好奇心を高めることが大切です。はっきり分かることは，これまで曖昧だったことが，次第に分けることができるようになることです。分かるとは，分けること。体をもって分かるとは，例えば，「浮きやすいこと」と「浮きにくいこと」との差異を感じることです。感覚が分かることは，味覚には「甘・苦・辛・酸など」があるように，比べた違いで分けています。浮く感覚もしかりです。

② 本導入アイデアの要点

背浮きがうまくいくには①から③がポイントです。①「体の中にある『浮き輪』があるよ。それは肺。『浮き輪（肺）』に空気をたっぷり入れましょう」と伝えます。②靴をはくと，靴の浮力で浮きやすくなります。「靴も『浮き輪』になるよ」と伝えるのも効果的です。③背浮きでは，耳に水がかかることを嫌がるとアゴが引かれ，背中が丸まり腰が折れて沈みやすくなります。そのため，「耳まで水につけること」を助言します。

そして，「浮きやすい姿勢はどっち？」という問いから，「バンザイ」と「気をつけ」を比べます。

「バンザイ」とは，両腕を頭上で広げて伸ばす姿勢です。両腕を伸ばすと重心の位置が浮心（肺の位置）に近づき，重心と浮心のバランスがとれます。耳まで水をつけることと，アゴを上げて腹を突き出して体を反らせることがポイントです。

「気をつけ」とは，両腕を下ろした姿勢です。両腕を下すと重心がへそ辺りに変わるため，浮心と重

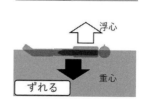

心がずれ，回転ループが生じます。その結果，上体が起き上がろうとします。この時，アゴが下がり，背骨と腰が曲がり，尻から沈みます。「バンザイ」からゆっくり「気をつけ」を行うことで，その浮き身の差異を感じることができます。

③ 導入から展開・整理への要点

導入での「バンザイ」と「気をつけ」の比較から，「バンザイ」と「前へならえ」の比較もします。「バンザイ」と「気をつけ」は，両腕が水の中で行うことができる動きですが，「前へならえ」は両腕が水の上に出ることになります。浮きやすいことが分かるには，浮きにくいこと（すぐに沈んでしまうこと）との差異を感じることが大切です。分かるとは，分けることです。

背浮きによる浮きやすさをベースにして，「浮く→移動」へと学びを発展させることもできます。例えば，「エレメンタリーバックストローク」がお勧めです。行い方は，①背浮きの姿勢になります。②両手は顔の位置までゆっくり動かして水をキャッチします。それと同時に，脚はかえる足で水をキャッチします。③一気に両手・両脚で水をプル・プッシュして進みます。この時，膝は水面から出さないようにします。「キャッチ・プル・プッシュ」が合言葉です。万が一，着衣で水に落ちた場合，呼吸を確保でき，腕を上に出さないため，体力の消耗が比較的少なく進めます。

④ 本導入アイデアが育む学習評価

本導入アイデアには，「比べて分ける」という学び方があります。「知りたい・分かりたい」といった知的好奇心は学びに向かう力の原動力です。そして，「比べて分ける」という学び方は，子どもたちが学習をよりよく改善していくための学習評価として必須アイテムになります。

参考文献　鈴木一成（2019）水泳運動（安全確保につながる運動）小学校体育教授用資料，大日本図書

23 沈むスイカ実験

「呼吸・浮き沈みのリズム」をつかむ導入アイデア

沈んだスイカはどうなるか？
沈んだカラダはどうなるか？

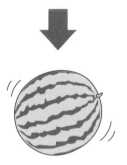

導入イメージ

教師：しずんだスイカはどうなるかな？

児童：しずんだまま！
児童：すぐに浮いてくるよ！

教師：では，やってみるよ！（スイカをゆっくり沈める）

児童：（スイカの浮き沈みを観察する）
児童：……あっ！　ゆっくり浮いてきた！　ちょっと顔を出したよ！

教師：では，しずんだ体はどうなるかな？

児童：スイカといっしょかな？　ちがうかな？
児童：ためしてみようよ！

教師：では，やってみよう！

▶ 「沈むスイカ実験」の行い方
① まずスイカの浮き沈みを観察します。
② 次に，スイカのように丸くなって両膝を両腕で抱えて浮きます（スイカ浮き）。
③ 友達にゆっくりと背中を押してもらって沈みます。
④ 慌てずしばらく待っているとどうなるでしょうか？

水泳運動系

解　説

① 浮き沈みと呼吸のリズムが合う面白さとは？

　「競泳」ではなく「水泳」である本質的な面白さは「水という特殊環境での学び」にあります。陸上との違いを考えると，水中では「呼吸」ができず，「浮力」があります。この「呼吸」と「浮力」についての学びは，水中の面白い運動世界への入場券となります。

　しかし，子どもの「呼吸」と「浮く」ことのイメージが，「クロールや平泳ぎの息継ぎの仕方（主に，フォーム）」といった水平移動に用いるための技術に限定してしまう場合があります。競泳で使用する「呼吸」と「浮く」といったフォームが，すぐに目指す動き（正解）として子どもに意識されてしまうと，目指す動き（正解）と現在の動きとのギャップから，難易度の高さだけが立ちはだかります。「呼吸」と「浮く」ことは命にかかわりますから，不安や恐怖だらけで学習のスタートラインに立つことになります。

　子どもたちが安心して，「呼吸」と「浮く」という動きの学習にグッと引き込まれるには，無理のない呼吸のリズムをつかみ，水の中での動きの心地よさと出合うことが大切です。

② 本導入アイデアの要点

　「沈むスイカ実験」のポイントは３つです。①友達の背中はゆっくり押すこと，②沈んだらじっくり待つこと，③もぐる前に大きく吸って，もぐったら息を止めることです。特に，肺を浮き輪に例えて，「浮き輪にたっぷり空気を入れて！」が合言葉です。

　なお，最初のスイカの浮き沈みの観察では，「沈んだスイカは，ゆっくり浮いてくること」と「水面に出ている部分は，スイカ全体のほんの少しであること」を確認します。ほんのちょっとだけ水面から出ているだけで浮くというイメージをもつことが大切です。

③ 導入から展開・整理への要点

　本導入の「沈むスイカ実験」が学習の起点になると，展開への移行もスムーズです。さらに面白くするアイデアの追加が学習の展開になるからです。例えば，「連続スイカ浮き」がお勧めです。この行い方は次の通りです。

①スイカ浮きをします（うまく浮かない場合は腰にヘルパーを装着します）。

②沈んだらポッカリと浮くまで待ちます。

③ポッカリと浮いたことを感じたら両手で一度に大きく水を下へ押します。

④反動で顔が上がった瞬間に息をパッと吐き出すとともに息を吸います。

⑤すぐにスイカ浮きの姿勢になり，ゆっくり浮いてくるのを待ちます。

⑥上記①から⑤を繰り返すことで，ゆったりと浮いたり沈んだりしながら，同じリズムで呼吸するようにします（ヘルパーを付けている場合は，慣れてきたらヘルパーを外します）。

　導入の「沈むスイカ実験」と展開の「連続スイカ浮き」の一

連の学びは，「安全確保につながる運動」の学び（3〜5回程度を目安にした浮き沈み）と平泳ぎの呼吸のリズムにも関連が深いと考えます。

④ 本導入アイデアが育む学習評価

　本導入アイデアは「浮き沈みと呼吸のリズムを合わせて息継ぎをしているか」の学習評価にも一役買います。これは無理のない動きづくりを奨励することであり，水中でのゆったりした動きや浮き沈みのリズムの心地よさも味わうことになると考えます。本導入は，「呼吸」と「浮く」ことの動きそのものを対象とするため，何m泳げたかだけを測定する評価方法から解放させてくれます。

水泳運動系

24 ひっぱりスイム

「抵抗のすくない姿勢」を知る導入アイデア

時代は低燃費！
「V字（足を大きく開く）」と
「I字（足を閉じる）」
引っ張るとき，どちらが軽い？

導入イメージ

教師：「低燃費」の時代です。

児童：低燃費って？（笑）

教師：エネルギーをあまり使わないってことです。
　　　では，「低燃費」なのはどちらでしょうか？
　　　Vの字（開脚して両手を伸ばして手のひらを重ねた姿勢をする）？
　　　それともIの字（けのびの姿勢をする）？

児童：エネルギーをあまり使わないなら，疲れないってことね。
児童：どっちだろう？

教師：グループで引っ張る側と引っ張られる側に分かれて確かめてみよう！
　　　引っ張る方は，どちらが「重たいか，軽いか」，
　　　引っ張られる方は，どちらが「遅いか，速いか」，それぞれ感想も伝え合ってね！

児童：面白そう！　やってみよう！

> ▶「ひっぱりスイム」の行い方
> ① まず，4人1組で，「けん引用ロープ（編込みのビニール製のロープ約20m）」を1本準備します。
> ② 次に，プールを横に使用して，1人が引っ張られる側，3人が引っ張る側に分かれます。
> ③ いろいろな姿勢で試して，互いの感想を交流します。

水泳運動系

解　説

① 学校で水泳を学ぶ本質的な面白さとは？

　スイミングスクールのように，泳力別に教えることが効果的であるという考えもあります。しかし，泳力別は，水泳運動における「交流」を阻害する可能性が生じるという見方もできます。学校で水泳運動を学ぶ意味や価値には，みんなで運動を楽しむ「交流」があり，協同的な学びがあると考えます。

② 本導入アイデアの要点

　本導入アイデアの「ひっぱりスイム」は，「引っ張られる・引っ張る」の関係性を意図的につくり，1人では成立しない運動です。このような運動では，両者の役割交代が，自分の運動感覚を基軸にして，友達の運動感覚も察することになり，自分と友達が動きの感じでつながることが期待できます。

　引っ張る側は「引っ張りやすい・引っ張りにくい」や「軽く引っ張れた・重くて引っ張れない」と感じ，一方で引っ張られる側は「進みやすい・進みにくい」と感じます。これらの感じがつながるには，「問い」の存在が鍵をもちます。例えば「一番進みやすかったときは，どの姿勢ですか」「その時，引っ張る方は重たかったのか，軽かったのか，どちらかな」などです。「問い」は，動きの意識化や焦点化を生じさせ，「思考」と「試行」の往還を活性化させて，学習「志向」を高めることが期待できます。

　本導入アイデアでは，抵抗が少ない姿勢と抵抗が大きい姿勢の比較として，脚を大きく開く「Ｖの字」と脚を閉じる「Ｉの字」を比較します。プールサイドから観察すると一目瞭然です。「Ｖの字」のときは，開いた脚のところにはっきりと波だったり水流が見えたりします。「Ｉの字」ではその波立ちは見られません。タブレット端末で動画撮影すれば運動観察の視点になります。「見学者も学習者」ですから，水中で「する」ことはできませんが，「みる」ことや「調べる」ことなど，学びを支える役割が「問い」によって明確となります。

③ 導入から展開・整理への要点

　本導入アイデアでの学習を起点として，展開では「水の中を心地よく進む感じ・進みにくい感じ」を探究する活動へつなげます。下の表は，非対称・対称・伸縮を視点とした「いろいろな体勢変化（変形けのび）」，非対称・対称・横転を視点とした「いろいろな背浮き」，顔を上げる方向（正面・斜め・左右）・１かき・コンビネーションを視点とした「いろいろな顔の上げ方や落とし方（呼吸）」で構成する17の動きで整理したものです。展開において，子どもたちの学習状況が停滞する場合や動きを広げたり深めたりする際の教師支援の視点とすることができます。

内　容		方　法
いろいろな 体勢変化 （変形 けのび）	非対称	① 右(左)手は伸ばし左(右)手は体側につける ② 片膝を曲げ，片膝を伸ばす
	対称	③ 両肘を曲げる ④ 両膝・両足首を曲げる ⑤ 両手を下げる(首・胸・へその位置で両手でもつ) ⑥ 両膝を伸ばして脚を開く(Vの字) ⑦ 両手両膝を伸ばして両手脚を開く(Xの字) ⑧ 両手を伸ばし・両脚も伸ばす(けのび)
	伸縮	⑨ 体勢変化を繰り返す(例；だるま浮き→けのび)
いろいろな 背浮き	非対称	⑩ 右(左)手は伸ばし左(右)手は体側につける
	対称	⑪ 両手両足を伸ばす(背浮き)
	横転	⑫ ローリングする
いろいろな 顔の上げ方 や落とし方 （呼吸）	正面	⑬ 正面に顔を上げ，正面に顔を落とす(元に戻す)
	斜め	⑭ 斜めに顔を上げ，斜めに顔を落とす(元に戻す)
	左右	⑮ 右(左)に顔を上げ，左(右)に顔を落とす(元に戻す)
	1かき	⑯ 1かき入れて呼吸(正面・斜め・左右)
	コンビ	⑰ 変形けのびと顔上げ・落とし(呼吸)のコンビネーション

なお，⑯⑰では「かいて，のびーる」を合言葉にして，引っ張るタイミングを探究していくと，水をかく時に進むのではなく，水をかいた後に伸びることで「スゥー」と進むことをつかむことができます。

③ 本導入アイデアが育む学習評価

　授業終盤で授業者が「やっぱりどうだったかな」と問うと，児童は「やっぱり……」に続く言葉を探します。「やっぱり一番進みやすかったのは，Ｉの字だったし，軽かった」などです。「やっぱり」を文頭にした学習評価は，具体的な学習場面と結びつけて感じた差異を読み取ることができます。比較して動きの感じを分ける，すなわち，それは分かる学習評価を支えます。

水泳運動系

25 あっちむいて，ポイ！

「反射的」から「意図的」な攻防へと誘う導入アイデア

「あっちむいて，ポイ！」を
やってみよう！

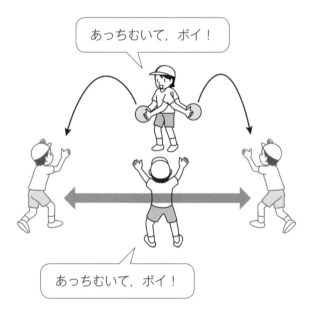

導入イメージ

教師：「あっちむいて，ほい！」で，顔を右か左に向けてね。そのとき先生も指で右か左に方向を指すよ。同じだったらみんなの勝ち。違ったら先生の勝ち。ではやってみるよ！　いくよ！　あっちむいて……

教師・児童：ほい！（勝ち負けで一喜一憂する）

教師：今度は，「あっちむいて，ポイ！」をやってみるよ！

児童：え！「ほい！」じゃなくて「ポイ！」？（笑）

教師：そう，ボールを「ポイ！」と右か左にふわりと投げるよ！

児童：ボールを捕れば勝ちってこと？

教師：そう！　その通り！　最初は，ワンバウンドでもＯＫにしようか！

児童：面白そう！

▶「あっちむいて，ポイ！」の行い方

① 2人1組になり，攻め（ボールを投げる側）と守り（ボールを受ける側）に分かれます。

②「あっちむいて，ポイ！」の合図で，攻めはボールを右か左へふわりと投げます。守りも右か左へ移動します。

③ ノーバウンドでボールをタッチやキャッチができたら守りが勝ち。ノーバウンドでタッチができなかったら攻めが勝ち。

④ ルールを工夫して，ドキドキのゲームを創りましょう！

ボール運動系

解　説

① 球技系の本質的な面白さとは？

　球技系の本質的な面白さは「攻防」です。特に，得点を入れる瞬間，失点を防ぐシーンはハラハラ，ドキドキします。攻めが勝つか，それとも守りが勝つか，「攻防」のかけひきが人々を魅了します。実際のゲームにおけるこの面白さは，最初は偶然に勝ったり負けたりと相手の動きに反射的だったとしても，ゲームを重ねていくと「勝ち続けたい」「負け続けたくない」という思いから，動きが意図的になっていきます。「かけひき」が面白いのは，反射的な次元で終わらず，次第に意図的な攻防の知恵比べが内在するからです。本導入アイデアはこの面白さとの出会いを演出します。

② 本導入アイデアの要点

　本導入アイデアは伝承遊びの「あっちむいて，ほい！」の構造を採用しています。例えば，「あっちむいて，ほい！」の合図で，Aが人差し指を右か左へ（上下もありますがここでは左右のみ）向けます。このとき，通常の「あっちむいて，ほい！」とは逆でBの顔の向きと合えばBの勝ちです。

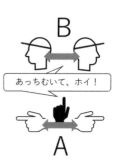

　ボール運動系のゲームの場面に置き換えると，例えば，パスカットやシュートブロックなどになります。Bがパスをする方向に，Aが移動してカットする。Bがシュートを打つ方向に，Aが移動して失点を防ぐ。つまり，「あっちむいて，ほい！」は，ゲームの場面にある「攻防のかけひき」と同じ面白さが内在すると考えます。

　「あっちむいて，ポイ！」のポイントは3つです。①「あっちむいて，ポイ！」の合図では，攻めと守りがタイミングを合わせます。そのため，「あっちむいて」の合図はゆっくり行い，「ポイ！」で素早く攻めがボールを投げ，即座に守りが移動できるようにします。②最初は，攻めが左右に投げる

ボールをふわりとやや上方へ投げることです。③勝ち負けを競い合いますが，攻防のかけひきの面白さが優先されるように，勝利の未確定性（やってみなければ分からないこと）を保障するためにルールを積極的に変更します。例えば，「ノーバウンド」では守りが難しい場合は「ワンバウンド」にします。また，「ボールの高さは頭よりも上にすること」や「キャッチからタッチでもＯＫにする」等に修正して，子どもがゲームを創る機会も保障します。

③ 導入から展開・整理への要点

　導入の「あっちむいて，ポイ！」が学習の起点になると，展開への移行もスムーズです。例えば，さらに面白くする追加のアイデアとして，「ネット越し」がお勧めです。

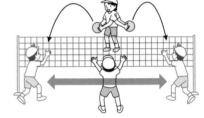

　「ネット越し」では，左右だけではなく前後や斜めなどの方向の選択肢を増やしたり，落とす（落とさせない）エリアを決めたりします。また，攻めは放ったり投げたりすることから，１人や２人で「トスアップ＆アタック」を採用したり，守りも１人から２人，３人と増やしたりするとともに落とす（落とさせない）エリアを段々広くしていきます。さらに，守りがキャッチしたら，今度は攻め側に転じると，ラリーの面白さも味わうことができます。

④ 本導入アイデアが育む学習評価

　本導入アイデアは「右か左へボールを投げて落とすこと」対「右か左へ移動してボールを落とさせないこと」の学習評価にも一役買います。これはネット型ゲームの攻防の対決でもあります。この授業展開になれば「落とすＶＳ落とさせない」のかけひきは，互いの攻防の面白さそのものです。これはゲームの本質的な構造の理解につながるため，ゲームの理解を深めるができます。

ボール運動系

26 ハンカチ落としゲーム

ベースボール型の導入アイデア

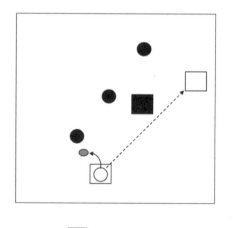

どっちが速い？
「○が□まで走る」
VS
「●がハンカチを■まで運ぶ」

ハンカチ ○攻め □セーフエリア ●守り ■アウトエリア

ハンカチ落としゲーム

導入イメージ

教師：ハンカチ落としゲームをします。

児童：ハンカチ落としゲーム？

教師：走るのが速いか，ハンカチが速いかを競争するゲームです。

児童：どういうこと？

教師：ゲームの説明をします。

　　　まず，攻めは「いくぞ！」と大きな声で言って，守りは「おー！」で返事をします。これがゲームスタートの合図になります。

　　　次に，攻めはハンカチを落としたり投げたりした後，セーフエリアまで走ります。一方，守りは，そのハンカチを拾ってアウトエリアまで協力して送ります。どっちが速いか競争です。

　　　攻めの走りが速ければ攻めの勝ち！

　　　守りのハンカチ送りが速ければ守りの勝ち！

児童：競争！　面白そう！　やろう！　やろう！

▶ 「ハンカチ落としゲーム」の行い方

① 攻めが「いくぞ！」と言ったら，守りが「おー！」の返事をして，ゲームがスタートします（1チーム3〜4人）。

② 攻めが，軽くひと結びをしたハンカチを投げてセーフエリアに到着するのが速いか，その近くのアウトエリアへの送球が速いかを勝負します。

③ セーフであれば1点入ります。

ボール運動系

① ベースボール型の本質的な面白さとは？

　平成29年告示学習指導要領英訳には「Striking/fielding type games, including easy modified transition with basic involving such movements as kicking, hitting, catching and throwing.」とあります。特に「fielding type games」のワードから、ベースボール型のゲームの中心的な面白さは「出塁・進塁ＶＳその阻止」の攻防と考えます。この攻防の構造を伝承遊びであるハンカチ落としに見い出すことができます。

　右図は「ハンカチ落とし」の構造を示したものです。鬼（○）はハンカチ（灰色の楕円）を子（●）に落とします。「落とした場所」が「塁」となります。鬼（○）は，ハンカチを拾った子（●）にタッチされずに１周回って塁に到達できればホームインです。この攻防の対決は，「いかに塁に到達するのか」対「それを阻止するか」となります。これはベースボール型の面白さに通じると考えます。

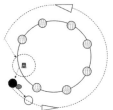

② 本導入アイデアの要点

　「いかに塁に到達するのか」対「それを阻止するか」の攻防の面白さを存分に味わうには，試合の中でのトライ　アンド　エラーが必須です。試合とは文字通り，試し合うことです。そのため，何を試し合うゲームなのかがとても大切です。その探究には，ゲーム経験が必須です。そのため，本導入アイデアの要点は，ゲームづくりの要点とも言えます。

　まず，ゲームの説明についての要点は，スタート方法・リスタート方法（行い方①〔p.125参照〕），得点方法（行い方②③），プレーの制限（行い方②）の３つです。最初から細かいルールを規定せず，最小限の行い方に留めることが大切です。

　次に，ゲーム設定の要点は，やや守備優位にすることです。例えば，攻撃

（○（p.124図参照））がハンカチ（灰色の楕円）を落として，セーフエリア（□）に行くまでに，守備（●）がそれを拾いアウトエリアに運べばアウト，運べなければセーフが攻防です。ここで，セーフエリアとアウトエリアを別にしているのは，ハンカチは飛距離が出ず，手前に落ちることが多く，セーフエリアよりもアウトエリアの方が近いため，アウトになりやすいからです。投げる場所からセーフエリアまでは，思い切りハンカチを投げて届く距離とします。それ以上はハンカチが飛んでこないエリアを限定することは，攻防する範囲を決めることになります。なお，ハンカチはひと結びを目安として，丸めることは禁止がお勧めです。これも飛距離が出にくい工夫です。

③ 導入から展開・整理への要点

導入アイデアは右図の①になります。展開・整理へは，飽きてきたら②へ移行することです。②はベースが２つ登場します。そのため，攻撃は出塁と進塁，守備側はアウトエリアが２つになるので選択的プレーが必要になります。

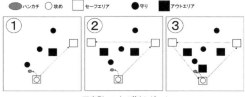

可変型ハンカチ落としゲーム

それぞれセーフエリア（□）に近いアウトエリア（■）が対応します。③は，さらに選択肢が１つ増えます。

④ 本導入アイデアが育む学習評価

本導入アイデアでは「出塁・進塁ＶＳ阻止」の攻防が学習評価の対象です。ボールの代用としてのハンカチの採用等は，「出塁・進塁ＶＳ阻止」の攻防について学びやすくするためです。ボール操作技能を中心に据えると，用具を操作する運動に傾斜して，体つくり運動系の学習評価となります。球技系は，ゲームでゲームを学ぶことが大切です。

参考文献　文部科学省「平成29年改訂小学校学習指導要領英訳版（仮訳）体育」
　　　　　https://www.mext.go.jp/component/a_menu/education/micro_detail/__icsFiles/afiel
　　　　　dfile/2009/04/21/1261037_10.pdf（2023.11.30確認）

ボール運動系

27 互いをよくみて感じて「オーダーゲーム」

「相互技能」を育む導入アイデア

ペアで成功させよう！
「オーダーゲーム」！

① ② ③

導入イメージ

教師：ペアで「オーダーゲーム」を成功させよう！

児童：「オーダーゲーム」って？

教師：まず，送り手が受け手にクッションを止めてほしい体の場所を伝えます。例えば，「すね」とします。そして，受け手がそのオーダー通りに「すね」で止めることができれば成功です！

児童：「すね」でなくてもいいの？

教師：いいよ。例えば「おしり」とか！

児童：（笑）面白そう！　いろいろな止め方をやってみたいな！

教師：渡し方もいろいろありそうだね。

児童：蹴ってもいいの？

教師：いいよ！　ではペアで成功できるようにいろいろ試してみよう！

ボール運動系

▶ 「互いをよくみて感じて『オーダーゲーム』」の行い方

① 送り手が受け手にクッションを止める体の部位を指定します。
例えば，送り手が「すね」をオーダーします。

② 送り手は，受け手が「すね」でキャッチしやすいように，パスを送ります。

③ 受け手が「すね」で止めたら成功です！

解説

① 互いの感じを共有できる面白さとは？

　小学校現場に広く知られている教材の1つである「ドッジボール（Dodge ball）」。「ドッジ（dodge）」とは「すばやく身をかわす」という意味であることから、「ドッジボール」は「ボールをかわすゲーム」であり、その競争課題は「ボールを人というターゲットに当てること」「当てられないようにボールをかわすこと」にあります。しかし、球技における多くのゲームをみると、「敵に当てる」という行為は少なく、むしろ、攻撃であれば「敵に当てない」でシュートやパスコースを見付けていくことが求められます。とりわけ、パスは送り手だけでは成立せず、受け手との関係性で成立します。もしかすると、球技系の学びの初心者である子どもたちにとっては、人をターゲットとするドッジボールは、人をターゲットとしない他のボールゲームへのつながりが分かりにくいものとなっているかもしれません。相手の身になってプレーする中で、互いの感じを共有できることは球技系の面白さだと考えます。

② 本導入アイデアの要点

　本導入アイデアでは、受け手と送り手は「クッション」の行き来によって随時交代するため、常に応対関係は保たれることになります。「クッション」を使うことで恐怖心を軽減でき、安心して取り組むことができます。

　送り手が自分勝手にパスを送るのではなく、むしろ受け手を意識してパスを出しているかが要点です。「蹴る・弾く」と「右足（右手）・左足（左手）・両手（両足）」、「上投げ・下投げ・横投げ」といった多様な送り方と、「すね・膝・おしり・頭・肘」や「お腹で挟む・脇で挟む・肘で挟む」、「背中に乗せる・膝の上に乗せる・おでこに乗せる」、「1回蹴り上げて両手でキャッチ」などの多様な止め方が面白さを広げます。成功の度にハイタッチ・肘タッチ・おしりタッチ等、喜び方も多様にしていくと盛り上がります。

❸ 導入から展開・整理への要点

　展開・整理では，「合図ゲーム」もお勧めです。受け手が「グー」と「パー」の２つの合図を送り手へ出す遊びです。例えば，「グー」は，受ける準備が整っていない場合のサインです。「パー」は，受ける準備が整った場合のサインとします。①送り手がクッションを足で保持して，受け手のサインを待ちます。②受け手のサインが「グー」から「パー」になることを確認します。③すかさず送り手はクッションを蹴って受け手へ送ります。送り手は受け手の合図をよく見て，「パー」か「グー」か確認して，プレーします。受け手も送り手を見て，合図のタイミングを図ります。互いの動きをよく見て，送受のタイミングを探究することが要点です。

❹ 本導入アイデアが育む学習評価

　球技系の学習評価は，個別の技能よりもむしろ<u>個と個の「あいだ」にある関係性に着目していくことが大切</u>です。本導入アイデアは，送り手と受け手の相互主体的なかかわりによる「相互技能」といえます。こうした関係性を保った学習評価は，例えば，「トス」と「アタック」をそれぞれ対象とするのではなく，<u>「トス－アタック」でパッケージングしていくこと</u>にもつながります。こうした「相互技能」の学習評価を支え育むためには，本導入アイデアは球技系に必須と考えます。

参考文献　鈴木一成（2021）知っておきたい運動教材シリーズ8，大日本図書

ボール運動系

28 「こっちからあっちVS おじゃま」を面白くしよう①

「自分たちのゲーム」を創る導入アイデア

こっち（◎）↔あっち（○）

VS

おじゃま(●)

面白くなるゲームにしよう！

◎私（こっち）　○あなた（あっち）　●おじゃま　🔘ボール等　↔ボール等の軌道

導入イメージ

教師：味方で「こっち」から「あっち」へとボール等を渡したら1点。
「あっち」から「こっち」へ戻せたらまた1点。

児童：簡単！　簡単！

教師：でも，「こっち」と「あっち」のあいだに「おじゃま」がいるよ。
味方は，「おじゃま」にボール等をとられないように，「こっち」から
「あっち」へ，「あっち」から「こっち」へ渡したりもらったりできる
かな。ペア対ペアでやろう！「こっち・あっち」と「おじゃま」は1
回ずつで交代しよう！

児童：面白そう！　やろう！　やろう！
（やってみる）

児童：「こっち・あっち」が，強すぎて，つまらないな。

児童：「おじゃま」の方が上手くて，全然得点できなくて面白くないな。

教師：では，面白くなるように「自分たちのゲーム」をつくっていこう！

▶ **「『こっちからあっちVSおじゃま』を面白くしよう①」の行い方**

① 2対2で，攻めはボール等を味方に送る（こっちからあっちへ，あ
っちからこっちへ送る）ことができれば1点。守りはそれを阻止
（おじゃま）します。

② 得点が入りすぎたり，全く得点が入らなかったりして「つまらない
ゲーム」であれば，対戦相手とアイデアを出し合いましょう。

③ ルールを工夫して，ドキドキの「自分たちのゲーム」を創りましょ
う！

ボール運動系

解　説

① ゲームを面白くする・ゲームが面白くなるとは？

　「こっち」から「あっち」へとボールを通すことと，その阻止をする「お
じゃま」との攻防。この「こっち・あっち」とその「おじゃま」という構造
は，球技のあらゆるゲームの中に存在する対決状況だと考えます。その対決
が均衡して，どちらが勝つか負けるか分からない，やってみなければ分から
ない（勝利の未確定性）は，ゲームを面白くします。子どもたちがゲームに
飽きたり困ったりした機会は，ゲーム発展，すなわち，「ゲームを面白くす
る・ゲームが面白くなる」の絶好の契機ととらえることができます。

② 本導入アイデアの要点

　本導入アイデアの着想に至ったのは，休み時間の子どもたちの遊びの中に，
これぞ球技の原型ではないかと思う大きな発見があったからです。１人の子
どもがボールを持って運動場にやってきました。仲間たちはまだ教室から出
てくる様子がありません。その子どもは，プールの壁に向かってボールを投
げ，跳ね返ってくるボールを捕り，再び壁を使っての投捕で仲間の登場を待
っています。すると，友達が１人現れ，２人でキャッチボールが始まりまし
た。その２人の投捕を阻止する３人目の友達が現れ，「おい，おじゃま，す
るな！」と言いながら，先の２人は３人目の友達にボールを捕られないよう
に「こっち！」とか「あっち！」と言いながらボールを投げたり捕ったりし
ました。ボールを捕られてしまったら，「おじゃま」が交代となり，しばら
くそのゲームが続きました。結局，その「休み時間」には，他の仲間たちが
運動場に姿は見せずに，そのゲームが続けられ，やがてチャイムが鳴り，３
人は満足そうに教室へ帰っていきました。このシンプルな「こっち」から
「あっち」へとボールを通すことと，その阻止をする「おじゃま」という構
造は，球技のあらゆる状況に存在します。大切なことをこの中核的な構造と
して残して，子どもたちが勝利の未確定性を保障した条件を考えて，ゲーム

を創っていくことです。

③ 導入から展開・整理への要点

　右表を例とした「面白く
する・なる視点」が展開・
整理への要点です。ゲーム
1は，味方と敵の中で暗黙
の了解とするおおらかなコ
ートが存在します。明確な
コートが存在しないため，
攻守が混在したゴール型ゲ
ームという解釈もできます。
攻守が入り混じると，過度
なプレッシャーで混乱を招
き焦ってしまう場合があり
ます。ゲーム2から「おじ
ゃま」の動きを制限し，ゲ

	ゲーム	面白くする・なる視点
1		おじゃま(●)がいても，できるかな？ (あっちからこっちへ，行ったり来たり) **オプション例** ・コーンの間の距離 　こっちとあっちが優位(コーンの間を短くする) 　おじゃまが優位(コーンの間を長くする)　等
2		〔主に，おじゃまが上手な場合〕 じゃあ，おじゃまは線の上でもとれるかな？ (あっちからこっちへ，行ったり来たり) **オプション例** ・コーンの間の線を通過してこっちからあっちへ1点 ・おじゃまが阻止したら1点　等
3		〔主に，おじゃまが停滞した場合1〕 おじゃまの動ける場所を広くしても，できる かな？ (あっちからこっちへ，行ったり来たり) **オプション例** ・コーンの間の線を通過してこっちからあっちへ1点 ・おじゃまが阻止したら1点　等
4		〔主に，おじゃまが停滞した場合2〕 おじゃまの動ける場所をもっと広くしても， できるかな？(こっちからあっちへ) **オプション例** ・こっちとあっちの距離(近く・遠く) ・コーンの間の距離　・制限時間　等
5		コートを合体して人数を増やしてみたら？ もし，●が●(ボール)をとったら？ 　　　　　　　　　　攻守の切り替え **オプション例** ・こっちとあっちの距離(近く・遠く) ・コーンの間の距離　・制限時間　等

ーム3・4・5の「線で区切られたコート」は自分の域に侵入しない安心安
全エリアを確保したネット型ゲームとなります。

④ 本導入アイデアが育む学習評価

　ボール運動系の「思考力・判断力・表現力」には，誰もが楽しめるルール
を選び，全員参加のゲームづくりが必須です。ゲーム教材は教師が授業前に
考案して持ち込むものではなく，子どもと教師がやってみなければ分からな
いゲームを試行錯誤しながらもっと「面白くする・なる」にはどうしたらい
いかを探究する中で，面白いゲーム教材になっていくと考えます。すべての
学習改善をゲームの修正改善に求めていく態度も，本導入アイデアが育む学
習評価と考えます。

参考文献　鈴木一成（2021）知っておきたい運動教材シリーズ8，大日本図書

ボール運動系

29 「こっちからあっちVS おじゃま」を面白くしよう②

「ネット型」と「ゴール型」をつなげる導入アイデア

p.135のゲーム5（右図）に
「相手コートに1人
入ってもよい」という
ゲームをやってみよう！

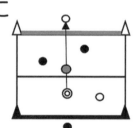

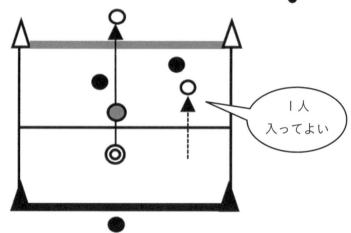

1人
入ってよい

得点方法：味方の内野と外野でパスが通ったら1点
◎私（こっち）　○あなた（あっち）　●おじゃま　⬤ボール等
矢印：ボール等の軌道　点線矢印：人の移動

導入イメージ

教師：ゲームで困ったことはありますか？

児童：敵も味方もいて，慌ててしまって，何が何だか分からなくなります。

教師：では，こっちからあっちへ，あっちからこっちへ送ることができれば
　　　1点。守りはそれを阻止（おじゃま）するゲームをします。
　　　これは敵が自分のコートに入ってこないので，安心で安全です。
　　　やってみよう！

児童：（p.135のゲーム5をやってみる）

児童：これなら大丈夫だったよ！　でも，なれてきたらつまらなくなりそう。

教師：では，このゲームに「相手コートに1人入ってもよい」というルール
　　　でやってみよう！

児童：ちょっとドキドキするけれど，スリルがあって面白そう！

ボール運動系

▶ 「『こっちからあっちVSおじゃま』を面白くしよう②」の行い方
① 3対3で，攻めはボール等を味方に送る（こっちからあっちへ，あ
　　っちからこっちへ送る）ことができれば1点。守りはそれを阻止
　　（おじゃま）します。
② 相手コートに1人入ってもよいです。
③ 相手コートに入った味方を中継してこっちからあっちへ，あっちか
　　らこっちへ送ってもよいし，中継しなくてもよいです。

①「プレッシャーＶＳリラックス」の面白さとは？

　球技系は，コート内で攻守が入り交じるゴール型，ネットやライン等で区切られたコートで，ネット等を挟んで相対するネット型，攻守を規則的に交代し合うベースボール型に分けられています。これは，ゲームの外側からみたゲームの設定や状況を整理したものです。では，ゲームの内側からプレーヤーとしての子どもたちはどのようにとらえるでしょうか。

　例えば，ゴール型はコート内に攻守が入り混じります。同じコートの中に味方だけではなく敵もいます。そのため，過度なプレッシャーを感じている場合があるかもしれません。一方，ネット型は，ネットやライン等で区切られ，そのネット等を挟んで相対します。そのため，自コートは敵が入ってこない安全安心エリアといえます。この安全安心エリアでは「プレッシャー」を緩和したり，「リラックス」してコート内の状況を把握したりする足場となります。そして，「プレッシャー」を強めることで，「プレッシャーＶＳリラックス」という視点で球技系の面白さに迫ることができます。

② 本導入アイデアの要点

　本導入アイデアの要点は，「相手コートに１人入ってもよい」というルールにより，コート内に敵が入ってくる「おじゃま」のプレッシャーを徐々に強めていることです。「入ってもよい」ので，入ったり入らなかったりします。攻防を反転して考えれば，「おじゃま」が自コートに入ってきたり，入ってこなかったりするということです。相手コートに入った味方を中継して内野から外野へ，外野から内野へとする攻め方もできます。また，敵が入ってくれば「おじゃま」を交わすことも大切になります。さらに，相手コートに入ることができるのは「１人」ですので，役割を決めてもよいし，味方の状況に応じて，どちらが入るのかは瞬時に決めてもよいので，連携する動きも学ぶことができます。

③ 導入から展開・整理への要点

右表を例とした「面白くする・なる視点」が展開・整理への要点です。ゲーム1は，主に，得点に大差が出た場合，勝利の未確定性を保

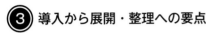

	ゲーム	面白くする・なる視点
1		〔主に，得点に大差が出た場合〕 やってみなければ分からないようにしてみたら？ オプション例（●が何回やっても勝つ場合） ・●のゴール機会を減らすか ・◎○のゴール機会を増やすか　等
2		真ん中のラインをなくしてしまうと？ オプション例（●が何回やっても勝つ場合） ・●のゴール機会を減らすか ・◎○のゴール機会を増やすか　等

障するゲームを創る視点となります。例えば，2分間のゲームを3回戦行います。1・2回戦で「●」のチームが連勝したら，3回戦は「●」のチームのゴール機会を減らすか，「○（◎）」のチームのゴールの機会を増やすかを選択します。そして，ゲーム1を存分に楽しみ，飽きてきたら，いよいよ，真ん中のラインをなくしてしまうゲーム2へ移行します。これは，「コート内に攻守が入り混じる（混在する様相）」のでゴール型ゲームとなります。

④ 本導入アイデアが育む学習評価

刻一刻とゲーム状況が変化するコート内では，常に「プレッシャーVSリラックス」が生じ，「観て・探して・選んで・プレー」ということが要求されます。ネット型とゴール型をつなぐ本導入アイデアは，適度な「プレッシャーVSリラックス」を演出して，「観て探して！」と「選んでプレー！」とのキーワードを提示していき，コート内で何を試そうとしたのかを学習評価の対象とすることができます。本導入アイデアが適度な「プレッシャーVSリラックス」の前提をつくり，何を「観て・探して・選んで・プレー」しているのかを学習評価の対象とすることで，ゲームでの「得点」や「勝敗」だけの評価情報に終止符を打つことができます。

参考文献　鈴木一成（2021）知っておきたい運動教材シリーズ8．大日本図書

ボール運動系

30 「強いチーム」って どういうチーム？

「貢献」に着目した導入アイデア

3対3の鬼遊び
どうしてBさんは得点できたのか？

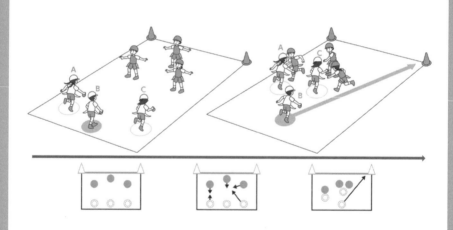

【3対3の鬼遊びのゲーム】
手前のスタートラインからゴールラインへ宝（赤玉）を運ぶと1点。
タグを取られたらスタートラインへ戻る。制限時間は3分。

導入イメージ

教師：これは３対３の鬼遊びのゲームの場面（p.140図参照）です。
　　　　１人１個の宝（赤玉）を持っています。敵（おじゃま）にタグをとられないように，手前のスターライン（こっち）から奥のゴールライン（あっち）へ宝を運べば１点です。
　　　　左の図が最初の場面で，右の図が次の場面です。
　　　　下の図は，上からみた図です。

児童：あ！　Ｂさんが得点しているよ！　すごい！

教師：どうしてＢさんは得点できたのでしょうか？

児童：Ｂさんの足が速いから！　ラッキーだった！

教師：Ｂさんの足が速そうだね。「ラッキーだった」ってどういうこと？

児童：だって，（右の図をみて）おじゃまがいないから！

教師：最初はおじゃまがいたのに，どうしていなくなったのかな？

▶ **「『強いチーム』ってどういうチーム？」の行い方**

① 図を見せて，どうしてＢさんは得点できたのか？　を問います。

② 理由を考えて発表します。

③ ＡさんとＣさんの「役に立つ（貢献）」動きに着目させます。

ボール運動系

解　説

① 学校でボール運動系を学ぶのはどうしてか？

　球技系の最も大切な学びの１つ。それは，役に立つこと，つまり，「貢献」を学ぶことです。ブラインドサイドにある人知れず着目されにくい動きにこそ，体育の授業でスポットを当てていくことが大切だと考えます。例えば，「鬼遊び」は，ボール運動系に位置付きます。鬼遊びでの動きは，「ボールを持たないときの動き」にもつながると考えます。小学校学習指導要領（平成29年告示）解説では，「『ボールを持たないときの動き』は，空間・ボールの落下点・目標（区域や塁など）に走り込む，味方をサポートする，相手のプレイヤーをマークするなど，ボール操作に至るための動きや守備の動きに関する技能である。ゲームではこれらの技能をいつ，どのように発揮するかを適切に判断することが大切になる」とあります。ボールを持たない動きは，学習によりスポットライトを当てることができる面白さといえます。

② 本導入アイデアの要点

　だからこそ，着目されにくい点を学ぶことがとても大切です。本導入アイデアでは，例えば，つまり，得点ができたのは，仲間の「貢献」があったからこそです。Ａ児とＣ児にも自分たちの動きが役に立ったということを学ぶチャンスにしたいと考えます。

　本導入アイデアは３対３の鬼遊びのゲーム場面です。ゲームは得点によって勝敗がつくので，得点者に着目しがちです。そのため，子どもたちも得点している白チームの真ん中の子ども（Ｂさん）の動きに注目します。ここで「どうしてＢさんは得点できたのでしょうか？」と問うことが本導入場面での要点です。つまり，Ｂさんが得点できたのは，仲間（ＡさんとＣさん）がおじゃま（敵チーム）を引き付けることで，空いたところをつくり，Ｂさんの走路をつくったからです。

③ 導入から展開・整理への要点

　展開では，実際に3対3の鬼遊びのゲームをすることで，導入アイデアの「貢献」を動きで学んでいきます。いろいろな「役に立つ（貢献）」を発表させ，具体的な部門に変換します。例えば，「敵を引き付けてくれてたくさんのスペースをつくってくれた」は「スペース部門」，「アドバイスをくれた」は「アドバイス部門」，「励ましてくれた」は「励まし部門」等，子どもたちが見付けたたくさんの部門を設定します。単元のラストに各部門にふさわしい人を投票します。単元最終日の給食の時間等で，開票結果の発表をするとともに，互いのいろいろな「役に立つ（貢献）」を称え，手づくりミニ賞状を授与するセレモニーもお勧めです。さらに，整理に向けての要点は，「強いチームの条件は？」と追発問します。実際に3対3を繰り返していくと，互いの「役に立つ（貢献）」プレーが連動していき，「考えていることが一緒のチーム」になっていきます。「強いチームの条件は，考えていることがいっしょ」との発言に期待ができます。

　なお，こうした一連の発言に導くには，コートサイズが要点です。特に，コートの横幅は，守りの3名が横に並び両手を広げて，両側1歩分のスペースをあけることです。横幅が広すぎると，縦横無尽に抜けてしまうので，要注意です。

④ 本導入アイデアが育む学習評価

　暗闇の中でサーチライトをつけると，それまで見えなかったものが見えてきます。「○○さんのおかげでスペースができたね」の評価情報は，「貢献」に光を当てています。子どもたちのブラインドサイドを照らすサーチライトです。暗闇を照らす光は，見えなかっ  たゴール型の面白さを見えるようにしてくれます。いわば，本導入アイデアは「サーチライト」としての学習評価となります。

参考文献　鈴木一成（2021）知っておきたい運動教材シリーズ9，大日本図書

ボール運動系

31 ひらひらタッチ（紙あり・なし）

「恥ずかしいから踊れない」を解消する導入アイデア①

ひらひらタッチ（紙あり・なし）を やってみよう

導入イメージ

教師：「紙」で「ひらひらタッチ」，できるかな？

児童：簡単！　やってみたい！（やってみる）

教師：では，「透明な紙」で「ひらひらタッチ」，できるかな？

児童：面白そう！　すごい「ひらひらタッチ」ができそう！

▶ 「ひらひらタッチ（紙あり・なし）」の行い方

1　まず，「紙あり」です。

① 　A4の紙を手のひらに乗せて，落とさないように，上下・左右等のいろいろな方向にひらひらと自由に動かします。

② 　受け手はどこで受け取りたいかを決めて，いろいろなポーズで待ちます。

③ 　落とさないように紙をパスします。その後はペアで①②③を繰り返します。

2　次に，「紙なし」です。

① 　A4の「透明な紙（実際には紙なし）」を手のひらに乗せて，落とさないように，いろいろな方向にダイナミックにひらひら動かします。

② 　受け手はどこで受け取りたいかを決めて，いろいろなポーズで待ちます。

③ 　落とさないようなイメージで「透明な紙」をパスします。その後はペアで①②③を繰り返します。

表現運動系

解　説

① 表現運動系の本質的な面白さとは？

　「表現運動系」の本質的な面白さは「踊る」ことです。その手掛かりは3つと考えます。①「イメージ」を手掛かりにする「表現」，②「リズム」を手掛かりにする「リズムダンス」，③「踊り方・文化交流」を手掛かりとする「フォークダンス」です。

　しかし，表現運動系の授業では「恥ずかしいから踊れない」という声も少なくありません。そこで，①に対応した本導入アイデアでは，「イメージできないから踊れない」と言い換えて，全員が動きを先行させてイメージの世界に没入できることをねらいます。「イメージ」は頭の中で考える抽象的なものではなく，動く中で感じる具体的なものとするアプローチです。

② 本導入アイデアの要点

　「ひらひらタッチ（紙あり・なし）」のポイントは3つです。

　まずは，実際の「ペーパー（A4の紙）」での具体的な経験を存分に楽しむことです。紙の軽さや薄さ，手のひらに乗せて，ひらひらと動かしたときの紙の感触，落ちないようにするために思わずそうなった動きとの出合いなどは，その後にイメージの世界の大切な足場になります。

　次に，紙の受渡し（タッチ）は，1人で受渡し（例えば，右手から左手へ等）と，ペアでの受渡しがあります。
後者は，受け手がいろいろなポーズで
待つことで受け手の動きの始点と，渡
し手の終点をつくることになります。
その際，ユニークなポーズで待つと，
大いに盛り上がります。

　そして，イメージを「送る―受ける」の繰り返しが頻繁に行われること

で，恥ずかしさの入り込む余地がないようにします。特に，実際には紙を使わない場合は，「紙なし」とは言わず，「透明な紙」として，気分が切れないようにします。「紙あり」では落ちてしまう動きでも，「透明な紙」ならダイナミックな動きが可能です。

③ 導入から展開・整理への要点

この導入から展開・整理へつなげる要点は２つです。

１つ目は，「再生・巻き戻し・早送り・スロー・一時停止」の機能を取り入れることです。特に，「一時停止」は予め決めないことがポイントです。動きを止めることで，思ってみなかった動きとの出合いも演出できます。

２つ目は，「透明な紙」の設定を自由自在に変えることです。例えば，①極小から巨大のサイズの設定，②超軽量から重量の重さの設定，③ざらざら，ぬるぬるといった質感の設定，④冷たい，熱いといった温度の設定が効果的です。授業の実際では，「だんだん大きくなる，だんだん重くなる」といった設定を，予めペアで決めずに，「受ける－渡す」を繰り返すうちに，ペアで即興的に決めていくのも大切です。これは「口でおしゃべり」するのではなく「体でおしゃべり」することを奨励します。

こうした一連の動きは，「ひとながれ」につながります。さらに，上記のような内容を「なか」として，２人がどこから登場するかを「はじめ」，どこへ退場するのかを「おわり」とすれば，「はじめ・なか・おわり」を構成でき，「ひとまとまり」につながります。

④ 本導入アイデアが育む学習評価

「透明な紙」をうまく受渡す動きには拍手が起こり，「実物の紙」では決してできない動きには笑いが起こります。これは，具体的な経験を足場にした導入の学びが，イメージの世界の中での学習評価を支えている場面といえます。

32 水かけ合いっこ

「恥ずかしいから踊れない」を解消する導入アイデア②

水かけ合いっこを
やってみよう

導入イメージ

教師：「水かけ合いっこ」をやってみよう！
　　　まずは，先生が「かけられる方」で，みんなは水を先生に「かける
　　　方」だよ！

児童：よし！　いっぱいかけちゃおう！（やってみる）

教師：（頭や顔，足など，水をかけられた部位を押さえながら）
　　　ずぶぬれだ！　あれ！　だんだん熱くなってきたぞ！　熱っ！

児童：え！！！

教師：あれ！　今度はだんだん冷たくなってきたぞ！
　　　かけられたところが氷でかたまってきたぞ！（と言いながら，動きも
　　　フリーズする）

児童：（笑）面白い！　今度は，かけられる方をやりたい！

教師：では，ペアで交代しながらやってみよう！

▶ 「水かけ合いっこ」の行い方
① 2人1組になり，水を「かける方」と「かけられる方」を決めて，
　　水をかけ合うイメージの世界で遊びます。
② 「かけられる方」は，かけられた水の種類（フリーズしてしまう水，
　　熱湯，ベトベトした液体等）を自由に選んで表現します。
③ 適宜，「かける方」と「かけられる方」を交代します。

表現運動系

解　説

① 「発信者＜受信者」の面白さとは？

　コミュニケーションは，送信者が何をどのように送信したか着目されがちです。しかし，受信者が何をどのように受信したかはとても大切です。「恥ずかしいから踊れない」のは，受信者側の問題であることが大きいと考えます。「ボケ」と「つっこみ」でお笑いとなるのと同じです。「つっこみ（受信）」で「ボケ（発信）」が際立つからです。つまり，表現運動系の「踊る」という本質的な面白さを存分に味わうには，「発信者＜受信者」という学習指導の力点を置いてみることが必要です。思い切り表現できるのは，それをしっかりと受け止めてくれる安心感と安定感あってこそです。

② 本導入アイデアの要点

　本導入アイデアでは，水を「かける方」と「かけられる方」に分かれます。どちらが難しいでしょうか。例えば，「かけられる方」が「熱い！」となれば，その水は熱湯になり，「冷たい！」となれば冷水，「ベトベト！」となれば粘液となります。コミュニケーションは，「かけられる方」である受け手で決まるといっても過言ではありません。つまり，コミュニケーションの主導権は送信者よりも受信者にあるといえます。本導入アイデアの要点は，「水かけられ王」と称して，<u>リアクションを面白がる方に比重を置く</u>ことです。それは，「発信者＜受信者」に学習指導の力点を移すことです。

③ 導入から展開・整理への要点

　導入アイデアの「水かけ合いっこ」の学びを起点にして，展開では「スロー de ボクシング」を行います。これも導入アイデアと同じ2人1組で，スローモーションで「ボクシング」をします。パンチやキックの攻防の途中で「一時停止・巻き戻し・2倍速」などを加え，遊びます。<u>スローモーションが鍵</u>です。これは「大きく・ダイナミック」な動きを引き出すだけではなく，

相手の動きをよくみて，それに応じて動くことを可能にします。下の左図ではなく，右図のような呼応する動きを期待します。どのパンチやキックがヒットするのかは動きながらペアで決めていきます。幾度と攻防を繰り返すことで，表現の「送信（攻撃）」と「受信（守備）」のループ（送受信ループ）が回ります。そのため，このループは常に感受する力に支えられた場をつくり，何を送信しても大丈夫という安心感を生み，「恥ずかしいから踊れない」という問題も解消します。つまり，「水かけ合いっこ」は発信者と受信者を

役割分担しましたが，「スロー de ボクシング」ではその役割は表現の中で適宜，交代されていくため，「送受信ループ」

をまわすことが可能となります。

④ 本導入アイデアが育む学習評価

　本導入アイデアでの「水かけ合いっこ」で培う「発信者＜受信者」は，展開での「スロー de ボクシング」において「クライマックス（山場・最高潮）」となる決着場面で活かすことができます。このとき，受信者は「痛さ」を表現するチャンスです。「痛さ」は「自分が一番経験した痛いときのことを思い出す」というアプローチがお勧めです。例えば，「柱の角に足の小指をぶつけたとき」や「ドアに挟まったとき」など子供の経験を総動員させ，そのときどうなったかを考えさせます。「声が出なかった」「息ができなかった」「うずくまった」などの経験がリアルな表現方法となります。ここにも感受することを掘り起こす機会があります。「リアクション王を探せ！」に着目した決着場面は盛り上がります。

33 走・跳・転・みる・みる・みる

「恥ずかしいから踊れない」を解消する導入アイデア③

まずは，次の動きを
ダイナミックにやってみよう！

「走・跳・転・みる・みる・みる」

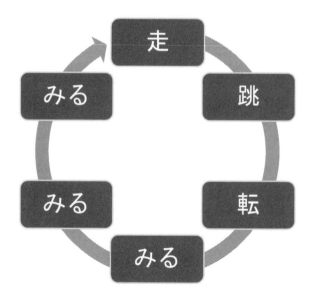

導入イメージ

教師：まとわりつく恥ずかしさを一気に振り落とすようにダイナミックな動きで走って，跳んでみよう。

児童：（「走・跳」をやってみる）

教師：あと30ｃｍ高く跳ぶよ！　せっかくの動きだからもう１回！

児童：（さらにダイナミックな「走・跳」をやってみる）

教師：いいね！　その調子！　次は，走って，跳んで，転がって！

児童：（ダイナミックな「走・跳・転」をやってみる）転がりが面白い！

教師：転がった後は，ピタッと止まって「みる・みる・みる」だよ！

児童：みる？　みる？　みる？

教師：そう！　例えば，下をみて！・ペアをみて！・先生をみて！

> ▶ 「走・跳・転・みる・みる・みる」の行い方
> ① まず，できるだけダイナミックな「走・跳」をやってみます。
> ② 次に，できるだけダイナミックな「跳・転」を加えます。
> ③ そして，できるだけダイナミックな「転」の後は，ピタッと止まる「みる・みる・みる」も加えます。
> ④ 「走・跳・転・みる・みる・みる」を繰り返します。

表現運動系

① 「動き」から「イメージ」へのアプローチの面白さとは？

　イメージの世界でなりきって踊ることは表現の面白さの中心です。しかし，ここでも，恥ずかしいから踊れないという問題に直面します。そのため，イメージから入る授業ではなく，思い切り体を投げ出すダイナミックな動きから始めると，まとわりついた不安と恥ずかしさを一気に振り落としてくれます。表現運動系の本質的な面白さへ向かうには，「まずは動いて，学びのスイッチ・オン」が大切です。

② 本導入アイデアの要点

　本導入アイデアは「走・跳・転・みる・みる・みる」です。

　まず，「走・跳」です。思い切り体を投げ出したダイナミックな動きのトップバッターは「走・跳」です。「走・跳」が，まとわりつく恥ずかしさを一気に振り落とすように，「あと30ｃｍ高く跳ぶよ」「せっかくの動きだからもう１回！」と教師リードでスタートします。

　次は「跳・転」を加えます。「走って，跳んで，転がって！」と教師も子どもと一緒に動きながら指示をして，動きが途切れないようにして気分も盛り上げます。高低差や緩急を付け，「鳥のように高く」跳ぶことや，「忍者のように」素早く転がることを奨励していきます。

　さらに，「転」の後に「みる・みる・みる」を加えます。「転がったら，ピタッと止まって『みる・みる・みる』だよ！」と教師が子どもに伝えます。このとき，「みる・みる・みる」は，充分な間をとると，静と動のメリハリが生まれます。特に，止まる動きは，先の動きを引き立てるためにも，とても大切です。また，「下をみる・ペアをみる・先生をみる」の３つの「みる」をテンポよく順に指示すると，バリエーションを広げることにもなります。視線の方向を分散したり集中したりすると一体感も生まれ，気持ちも入ってきます。慣れてきたら「走・跳・転・みる・みる・みる」をつなげてみます。

③ 導入から展開・整理への要点

展開では,「走・跳・転・みる・みる・みる」を2〜4人で行います。ここでの要点は「リーダーに続け(適宜交代するリーダーを1名決めて,他のメンバーがリーダーに続いてまねする)」でやってみることです。座って意見交換はせず,踊って動きの交換をします。1人30秒を目安にリーダーを交代したら,すぐにまねして踊ってみます。ひと通り動きの交換ができたら,どれか1つを選んで,練習します。展開での要点は2つです。

1つ目は,「跳んで転がって,どんなイメージかな」と教師が問い,子どもたちのイメージと動きをつなげたタイトルを付けるようにします。例えば,「炭酸ふっちゃった」「不思議ボタン」「ドロケイ」「おやつの取り合い」「火山」「けんかと仲直り」がお勧めです。

2つ目は,「走・跳・転・みる」の組み合わせを変えることは認めますが,「一番見せたいところが目立っているか(『なか』)」を確認させつつ,2回分を繰り返すようにして,ある程度の長さをもった踊りになるようにさせます。そして,4人がどこから登場するか(「はじめ」),最後はどこで終わるのか(「終わり」)を決めると,簡単な「はじめ・なか・おわり」の構成にします。

④ 本導入アイデアが育む学習評価

「イメージ」から「動き」へのアプローチですと,どうしても頭で考えて体を動かすことになりがちです。しかし,本導入アイデアは「動き」から「イメージ」へのアプローチとなります。そのため,「動きながら考え,考えながら動く」という学び方となり,学習改善の対象は「動き」となります。思ってもみない動きとの出合いも貴重です。動きがイメージの世界を拡げていくことになります。事前合理的な学習評価も大切ですが,踊っている中で生まれる動きや踊る面白さを探究する上では事後合理的な学習評価も大切です。

表現運動系

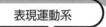
34 8-8・4-4・2-2・1-1-1-1

「恥ずかしいから踊れない」を解消する導入アイデア④

まずは，リズムに乗って
ダイナミックにやってみよう！

「8-8・4-4・2-2・1-1-1-1」

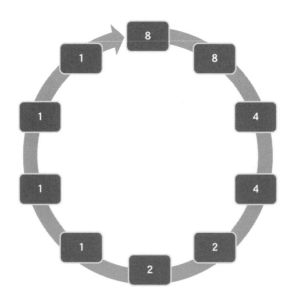

導入イメージ

教師：まずは，リズムに乗って右へ8歩，左へ8歩，歩くよ！　せーの

児童・教師：（右へ8歩，左へ8歩）

教師：いいね！　次は，腕を振って大股で，右へ4歩，左に4歩！

児童・教師：（右へ4歩，左へ4歩腕を振って大股で歩く）

教師：だんだん歩数が少なくなるよ！　続いて，2歩ずつ！

児童・教師：（右へ2歩，左へ2歩）

教師：最後は，右へ1歩，左へ1歩，おまけに右へ1歩，左へ1歩!!

児童：だんだん行ったり来たりがいそがしくて，面白い！

教師：右へ左へ歩く以外にも，いろいろありそうだね。

児童：前や後ろ！　上や下！　面白そう！　やろう！　やろう！

> ▶ 「8-8・4-4・2-2・1-1-1-1」の行い方
> ① まず，右に8歩・左に8歩，リズムに乗って歩いてみます。
> ② 次に，右に4歩・左に4歩，リズムに乗って歩いてみます。
> ③ そして，右に2歩・左に2歩，
>   さらに続けて，右に1歩・左に1歩，右に1歩・左に1歩，リズム
>   に乗って歩いてみましょう。

表現運動系

① 表現運動系の本質的な面白さとは？

　リズムダンスの本質的な面白さは，リズムを手掛かりに踊ることです。恥ずかしさにまとわりつかれないように，歩く・走る・跳ぶ・手を振るなどの手軽な動きを決めて，左右・前後・上下・斜め等の方向へ，まずは動き始めます。リズムに動きを合わせることを意識し過ぎると，体を操るようないわばリズム体操のようになりがちです。リズムを手掛かりにして踊ることの面白さは，ダイナミックに動いたことが，思ってもいないところまで体を投げ出したり，それによって少しリズムを崩したり，思うようにいかない動きの中に生じる踊りもまた新鮮だったりすることもあります。

　そのため，リズムダンスの本質的な面白さへ向かうには，まずは動いて，学びのスイッチ・オンがやはり大切です。

② 本導入アイデアの要点

　本導入アイデアは「8-8・4-4・2-2・1-1-1-1」です。動きは誰でもできる手軽で日常的な動きとして，例えば「歩く」をトップバッターにします。動きが手軽で簡単であれば，リズムに乗ることができます。つまり，動き方に余裕があることは「遊び」ができます。ここにリズムを手掛かりにした遊びが入り込む余地をつくります。

　歩くことに方向課題を設定します。本導入アイデアでは「右に8歩，左に8歩」とすることで，左右対称になり2種類のバリエーションとなります。さらに，まずは8回ずつ，次に4回ずつ，そして2回ずつと徐々に回数が減っていき，最後は1回ずつを2セットで慌ただしさが生じて，リズムが崩れやすくなる面白さが生まれます。

③ 導入から展開・整理への要点

　「歩く（動き）」と「左右（方向）」でのリズムにのる本導入アイデアを基

本とすることで、「どんな動き」と「どの方向」へのバリエーションを広げていくことができます。例えば、「走る・跳ぶ・手を振る」などの簡単な動き、「前後・上下・斜め」の方向などがあります。余裕があれば、途中で手拍子や足拍子、互いにハイタッチなどのアクセントを加えたり、回転したりポーズを決めたりして「余分なこと」をやってみます。気に入った動きは繰り返すことも、気分が途切れない工夫となります。

また、学習形態もペアからグループへと人数を増やしていくと一体感も生まれてきます。その際、ペアの次は、ペアとペアを足して4人グループ、次はその4人と他の4人を足して8人グループとして、せっかくできたグループは解散しないことも展開での要点です。

④ 本導入アイデアが育む学習評価

リズムに乗って踊ることは、今できる踊り方を支える「手軽な動き」と「対称の方向」が、面白さの足場をつくり、それぞれにアレンジを加えたり、繰り返したり組み合わせたりすることで、踊り続けることが可能です。その創作は、「思考・判断・表現」の観点別評価として引き取ることができます。ここで、「思考・判断」したことを「表現」するというアプローチもありますが、「表現」してみて面白かったことを、次なる踊り方を構成するための「思考・判断」というアプローチも可能です。

見合って相互評価する場合であっても、踊りながら相互評価することも大切です。例えば、メドレー式発表会として、発表するグループの「8-8・4-4・2-2・1-1-1-1」を他のグループも真似して踊りで交流しながら相互評価することも、踊ることを学習評価できることになります。また、人数が増えてくると、人のいない方向へ離れる・1点にみんなが集まるなどの隊形のアイデアへと結実していくことにも期待できます。

表現運動系

35 「○○が□□している」の物語化

**なりきり文法「S（主語）＋V（動詞）」で
自由で即興的に踊る導入アイデア**

○○が□□しているところ

○○は，
何にする？

ゾウ

サル

ライオン

バッタ

フラミンゴ

など

□□は，
どうする？

あるく

あわてる

とぶ

たべる

ねる

など

導入イメージ

教師：いろいろな乗り物に乗って「動物ランド」へ行こう！

児童：え？「動物ランド」？

教師：そう！　さあ2組で前と後ろになるよ。

児童：(2人組で前後になる)

教師：自転車にする？　飛行機にする？　それともジェットコースターにする？

児童：ジェットコースターにしよう！

教師：さあ，ついたよ！　みんな，ゾウに変身だ!!
　　　ゾウが，のっしのっし歩いているよ！
　　　あ！　木の上においしそうなバナナがあるぞ！　とれるかな？

児童：(ゾウになってのっしのっし歩く，バナナをみつけてとろうとする)

▶ 「『〇〇が□□している』の物語化」の行い方

① 2人1組でいろいろな乗り物に乗って，「動物ランド」へ行きます。

② 到着したら，「ゾウ」になります。

③ 教師のナレーションに合わせて「ゾウが□□しているところ」で遊びます。

表現運動系

① 物語の中での「自由で即興的に踊る」面白さとは？

　表現運動系の本質的な面白さは，「自由で即興的に踊ること」です。では，「自由」だから何でも好きにすればよいとなれば，何をどこから手をつけてよいのか子どもも教師も分からない場合も少なくないと考えます。「即興的」って言われても，行き当たりばったりでは，動きが停滞したり思うように発展しなかったりした場合に太刀打ちできなくなってしまいます。そこで，物語の中での「自由で即興的に踊ること」とすることで，そのイメージする物語の世界が壊れない範囲で「自由で即興的に踊ること」が大切にされていくことが，面白さの中心となります。

② 本導入アイデアの要点

　本導入アイデアの要点は，「○○が□□しているところ」です。例えば，単に「ゾウ」をやるのではなく，ゾウが「のっしのっしと歩いているところ」「気持ちよさそうに水浴びをしているところ」「木の上にあるバナナをとろうとしているところ」等があります。「ゾウ」だけだと，形態模写や説明的になりがちです。ゾウの行為を題材にして，いろいろな具体的な場面を思い浮かべることができるようにします。そのためには「○○が□□しているところ」は，「S（主語）＋V（動詞）」を表現運動系の文法として設定します。

　教師が導入における「○○が□□しているところ」という要点を押さえて，導入そのものを物語化していきます。例えば，「いろいろな乗り物に乗って動物ランドに行こう！」と言い，2人組で前後になり，ジェットコースターや自転車，飛行機などの乗り物に乗ったような動きをして，「動物ランドへ出発！」と言いながら，イメージの世界へ入り込んでいきます。なお，イメージばかりを重視するあまり，動かずに頭だけで考え込んでしまうと体がのってこないので，必要に応じて，軽快なリズムに乗って弾む動きやスキップ

の動きを中心にして，気分を途切れさせないことも大切です。そして，「動物ランド」に到着したら，「○○が□□しているところ」の出番です。

③ 導入から展開・整理への要点

「○○が□□しているところ」といった簡単なお話で踊る活動では，動きが停滞する可能性があります。導入から展開・整理への要点は２つです。「主語」を変えることと「動詞」を変えることです。

「主語」の選定に際しては，取り上げる動物が，同じような質感の動物だけではなく，質感の異なる動物（サル・ライオン・バッタ・フラミンゴ等）とすることが大切です。

「動詞」の設定に際しては，「実況中継」と「ハプニング」により，「□□しているところ」が面白くなります。教師が「実況中継」のように演出して，表現の世界に教師自身も入り込みます。例えば，「ライオンになって！　ライオンが，ゆーっくり敵に近づいていくよ，もっと低くならないと気付かれるよ！　しっ！　止まって！　……今だ！　一気に襲い掛かるよ！」など，「□□しているところ」に臨場感をもつようにします。また，「ハプニング」を起こして急変する場面を入れると，変化と起伏がつきます。「あ！　急に床が氷になっちゃった」などが一例です。

④ 本導入アイデアが育む学習評価

驚いたときに本性が現れます。「ハプニング」が「題材のいろいろな特徴」を引き出し，その特徴をとらえた動きが誇張されていくところにも面白さがあります。教師の「実況中継」を手掛かりに，２～３人組の友達と好きな動物を選んで，簡単なお話が創られていく活動をしていきます。楽しかった遠足を思い出して夢中に話すように，その活動後に，「ハプニング」のときにああした，こうしたなどを交流させていくことも学習評価の対象となります。

表現運動系

36 「光と陰の世界」へGO！

踊りたくなる学習環境と発表会

体育館の外は，現実の世界です。
体育館の中は，表現の世界です。

光と陰の世界へGO！

どんな世界かな？

➡ 導入イメージ

（体育館の外）

児童：先生，体育館には入らないのですか？

教師：体育館の外は現実の世界です。体育館の中は表現の世界です。
　　　いつもの体育館ではないので，思い切って表現の世界を楽しんでね！

児童：いつもと違うの？　なんだかわくわくするね！

教師：表現の世界へ行きましょう！

児童：行こう！　行こう！

児童・教師：レッツ！　ゴー！

児童：わー，真っ暗！　面白そう！

▶ 「『光と陰の世界』へGO！」の行い方

① 体育館の中をカーテンや暗幕を引いて真っ暗にします。

② 学芸会で使用するスポットライトの光を体育館中央の床に当てます。
　　あるいはプロジェクターの光でも代用できます。

③ 光が当たる体育館中央をメインステージ，やや薄暗い周辺はサブス
　　テージとします。

④ 体育館の外が現実の世界，体育館の中が表現の世界とします。

表現運動系

① 踊りたくなる学習環境と発表会

表現運動系の中心的な面白さは，やはり「踊る」ことです。「踊る」理由は，踊りたいからです。ところが，発表会となると緊張が伴ったり人の目を気にしたりしてしまう場合も少なくありません。イメージの世界やリズムの世界に没入するためには，踊りたくなる学習環境と発表会を工夫することが大切です。

② 本導入アイデアの要点

本導入アイデアは「『光と陰の世界』へGO！」です。真っ暗にした体育館に，学芸会で使用するスポットライトの光を体育館中央の床に当てます。あるいはプロジェクターの光でも代用できます。光と陰の異空間での表現は，ひと味違う幻想的な世界となります。キャンプファイヤーにも似た異空間となります。光が当たる体育館中央をメインステージ，やや薄暗い周辺はサブステージとなります。光と影の世界では，光に照らされた動きと場所によって，光の当たり方が変わり，影も伸びたり縮まったりして芸術的です。踊っている当事者は光がときどきまぶしく，それがゆえに周りに気を取られずに，表現の世界へ没入しやすい環境になります。

なお，体育館の中がまさに異空間となります。そのため，授業の挨拶や諸注意などは体育館の外で行います。また，適宜，休憩や給水等も体育館の外に出て行います。つまり，表現の世界のオンとオフが体育館を出入りすることとなり，授業全体のメリハリも生まれます。

③ 導入から展開・整理への要点

表現運動系では発表会と称する活動を行うことがあります。みんなの前で見せるのは恥ずかしさも生じさせます。練習では元気いっぱいでも発表になると途端に動きが小さくなってしまうこともあります。そこで，光が当たる

体育館中央をメインステージ，やや薄暗い周辺はサブステージとして，「踊り手だらけの発表会」を実施します。バリエーションは３つです。

　１つ目は，メインステージで踊る主役，サブステージで踊る脇役が適宜交代する「主役・脇役交代発表会」です。100円均一等で購入できる発光するブレスレットタイプの教具（コンサートや野外イベント等でも使用するもの）を手首や足首に巻いて踊ると，光の軌道が残るとともに，イベント感もさらにアップします。

　２つ目は，体育館を大きく２つに分け，半分は発表者，もう半分は次の発表者とします。２回ずつ交互に行うなど，発表の終わりが，次の発表の始まりとなる「見合い・かけ合い・踊り合い発表会」となり，気分が切れずに一体感も生まれます。

　３つ目は，体育館を４つのエリアに分け，発表者が次の発表者を指名していく「メドレー形式の発表会」です。いずれも，踊りを中心とした発表会とします。

④ 本導入アイデアが育む学習評価

　「深い学び」は「High Impact learning」，すなわち，「強い印象に残る学び」ともいわれます。大人になり学校生活のほとんどのことを忘れてしまったとしても印象に残っていること，それが「深い学び」といえます。それが「『光と陰の世界』へＧＯ！」での体育授業にあったらいいなと思います。

　例えば，卒業式の日，この体育館で「光と陰のステージで踊ったね」と思い出が共有されていたら，体育授業の深い学びそのものです。そして，月日が過ぎて，成人式の日，同じ体育館に集った仲間とそれが鮮明に思い出されていったら，本導入アイデアが心底臨む学習評価であると考えます。

表現運動系

【著者紹介】

鈴木　一成（すずき　かずなり）
愛知教育大学 創造科学系 保健体育講座 准教授
愛知教育大学大学院 教育学研究科 教科指導重点コース 准教授
静岡県浜松市生まれ，1997年愛知教育大学卒業，1999年愛知教育大学教育学研究科修了，公立小学校（名古屋市立藤が丘小学校・名古屋市立柳小学校）及び愛知教育大学附属名古屋小学校に15年間勤務。在職中に体育・保健体育指導員（名古屋市教育委員会）を務める。2014年4月愛知教育大学講師，2017年4月より現職。
愛知県内を中心に保育園及び幼稚園・小学校・中学校・高等学校教員研修講師，2023年度より愛知教育大学大学院・静岡大学大学院 教育学研究科共同教科開発学専攻 後期博士課程在籍，2024年度スポーツ庁主催「体育が苦手な児童生徒のための授業づくり研究大会」体育・保健体育指導力向上研修講師。主な研究は，体育・保健体育の授業づくり・教材づくり。

体育科授業サポートBOOKS

子どもを授業にグッと引き込む！
小学校体育　超オモシロ導入アイデア

2024年6月初版第1刷刊　©著　者　鈴　木　一　成
　　　　　　　　　発行者　藤　原　光　政
　　　　　　　　　発行所　明治図書出版株式会社
　　　　　　　　　　　　　http://www.meijitosho.co.jp
　　　　　　　　　（企画）木村　悠（校正）染谷和佳古
　　　　　　　　　〒114-0023　東京都北区滝野川7-46-1
　　　　　　　　　振替00160-5-151318　電話03（5907）6703
　　　　　　　　　　　　ご注文窓口　電話03（5907）6668

＊検印省略　　　　　　　組版所　藤　原　印　刷　株　式　会　社
本書の無断コピーは，著作権・出版権にふれます。ご注意ください。

Printed in Japan　　　　　　　　ISBN978-4-18-217327-1

もれなくクーポンがもらえる！読者アンケートはこちらから